Christlob Mylius von Dieter Hildebrandt

W0095573

Christlob Mylius 1722 bis 1754. Der Mann, von dem man sich kein Bild machen kann.

Trotz intensiver Recherchen fand sich kein Kupfer oder Medaillon, keine Silhouette, geschweige denn eine Zeichnung oder ein Ölgemälde.

Christlob Mylius
Ein Genie des Ärgernisses
von Dieter Hildebrandt

Preußische Köpfe

Stapp Verlag Berlin

Die Buchreihe *Preußische Köpfe* erscheint unter der
Schirmherrschaft des Präsidenten der Stiftung
Preußischer Kulturbesitz, Prof. Dr. *Werner Knopp.*
Sie wird herausgegeben von *Heinz Ohff.*
Die grafische Gestaltung besorgt *Christian Chruxin.*
Umschlagzeichnung „Das ältere Brandenburger Tor"
von *Daniel Chodowiecki,* 1738.

© Stapp Verlag Wolfgang Stapp, Berlin 1981
Hergestellt in West-Berlin
ISBN 3 87776 155 0

Inhalt

Musterung

Christlob Mylius als einen preußischen Kopf zu bezeichnen, hat etwas von der Gewaltsamkeit, mit der die Werber *Friedrich Wilhelms I.* junge Männer mit Übergrößen auftrieben, in Uniformen steckten und zur Armee der langen Kerls vereinigten. Ist aber solche Methode erst einmal als preußische Tradition erkannt und anerkannt, die tour de force als wichtiger Zug der Geschichte Berlins und Brandenburgs begriffen, so hat es durchaus seine heimische Richtigkeit, wenn der sächsische Pastorensohn und *Gottsched*-Jünger, der Leipziger Journalist und verhinderte Weltreisende Mylius in eine Reihe mit Königen und Staatsmännern, Heerführern und Parlamentariern, Philosophen und Künstlern gestellt wird. „Zu den Preußen kommen" — das meint ja immer einen gewissen Grad von Unfreiwilligkeit und Schicksalshärte; und Mylius ist solche Rekrutierung — in aller Zivilität — umso unbefangener zuzumuten, als der um die Mitte des 18. Jahrhunderts Glück, Ruhm und Skandal im friderizianischen Berlin gesucht und es immerhin bis zur stadtbekannten Figur gebracht hat.

Als einmal der berühmte Dichter *Christian Fürchtegott Gellert* hier zu Besuch war, mußte er nach seiner Heimkehr eine Zeitungsnotiz mit der Wendung lesen, er sei „in forma semipublica" in der Residenz gewesen. Auf seine Frage, was das solle, bekam er zur Antwort: „In Berlin gewesen sein und Herrn Mylius nicht besucht haben." Der preußischen Paradoxie aus „Kriegsgesetz" und „lieblichen Gefühlen", aus Strategie und

Sanssouci, hat Christlob Mylius freilich fremd, befremdet gegenübergestanden; und voller Mitleid mit den Opfern. Nach einem Gang über das Schlachtfeld von Kesselsdorf schrieb er die bewegenden Verse:

Mein Blick erreichet dich, mein Fuß betritt dich schon,
O Flur von Kesselsdorf, dich, neues Marathon!
Den Ort, wo unter mir viel tausend Brüder schlafen,
Die ihre Mörder noch in späten Enkeln strafen.
Du warst ein kleines Dorf, und suchst nie groß zu sein:
Ein Blutbad macht dich groß. O wärest du doch klein!
Dein Anblick lehrt, dies sei das schlechtste Glück der Erden,
Nach Glück und Niedrigkeit durch Unglück groß zu werden.

Ein Genie des Ärgernisses

Im Frühjahr 1753 schreibt Christlob Mylius in seiner Zeitschrift „Physikalische Belustigungen" einen Artikel in eigener Sache; er gibt den Berlinern und den übrigen Lesern seines Blattes „Nachricht von des Herausgebers vorhabenden Reise nach America", und diese Auskunft klingt höchst wohlgemut: „Es ist zwar schon bekannt genug, daß ich im Begriff bin, nach America zu reisen; ja, indem ich dieses schreibe, bin ich schon wirklich auf dem Wege; damit aber diejenigen von meinen Lesern, welche noch nicht genugsam von den Umständen und Absichten meiner Reise unterrichtet sind, nicht meinen mögen, ich gehe auf Abenteuer aus und suche die Zahl der irrenden Ritter zu vermehren: so habe ich für ratsam erachtet, bei dem itzigen Beschluß meiner Arbeit an dieser Monatsschrift, anzuzeigen, wie und warum ich mich zu dieser Reise entschlossen, und auf was für Art und in welcher Absicht ich sie zu vollführen gedenke."

Der dreißigjährige Mylius hat sich einen klug-cleveren Plan ausgedacht, um seine „Begierde, die Natur zu erforschen, und die Lust zu reisen" endlich einmal befriedigen zu können. Der mittellose Journalist, der Ende 1748 nach Berlin gezogen war, hat das Schreiben satt, weil es ihn kaum ernährt; ist der Rezensionen überdrüssig und seines eigenen Spottes auch; und Zeitschriften mag er nicht einmal mehr gründen, wie es doch zehn Jahre lang seine Spezialität gewesen ist: wenn ihn ein Blatt langweilte, gab er ein neues heraus. Nun, zu Beginn der fünfziger Jahre des 18. Jahrhunderts, hat er eine Werbekampagne für die eigene Zukunft eröffnet, hat er sich, drastisch gesagt, als ein Schnorrer von europäischem Format erwiesen. Er hat unentwegt Briefe an berühmte Gelehrte geschrieben, hat ihnen von seiner Lust an der Naturforschung erzählt und darauf hingewiesen, daß doch das große Amerika immer noch weitgehend eine *terra incognita* sei und daß man dieses unbekannte Land im wahrsten Sinne des Wortes einmal durchforsten, auflisten, abkarten und Details davon in Botanisiertrommeln heimbringen müsse. Mylius und die Neue Welt — ob das diesem und jenem Hochwohlgeborenen Herrn und Edlen Gönner wohl einige hundert Taler wert sei? Das Erstaunliche ist: der Plan funktioniert, es kommt Geld zusammen, und der oberste Förderer des Unternehmens wird *Albrecht von Haller,* der berühmteste Gelehrte jener Zeit, Arzt und Dichter, Anatom und Botaniker, Mitglied sämtlicher Akademien, so etwas wie der inoffizielle Präsident einer ideellen europäischen Forschungsgemeinschaft. *Haller* hat also die Schirmherrschaft übernommen, die Gelder strömen zusammen, und Mylius kann sich bedanken: „Endlich muß ich den freigebigen Beförderern meiner Reise hiermit öffentlich, nicht sowohl in meinem Namen, als in dem der gelehrten Welt, den verbindlichsten Dank für ihre gütig bewilligten Beträge abstatten. An meinem Fleiße und Eifer soll es gewiß nicht liegen, wenn diese meine Reise nicht zu ihrem Vergnügen und zu ihrer Ehre gereichen sollte ... Ich will nun anzeigen, daß mein erster Weg nach Surinam geht. Daselbst gedenke ich mich ein Jahr lang aufzuhalten und von da in einen Teil der Englischen Kolonien in Amerika überzusegeln" — denn Amerika hat ja seine Unabhängigkeit noch nicht erlangt; die Vereinigten Staaten werden noch 23 Jahre auf sich warten lassen — „wo ich mich wenigstens anderthalb Jahre in Georgien, Virginien, Carolina und Pennsylvanien aufhalten will. Von da werde ich wieder zurück nach den Antillischen Inseln abgehn und mich auf Befehl und Unkosten des Königs von Dänemark auf den beiden dänischen Inseln St. Thomas und St. Crux eine Zeit lang aufhalten und alsdenn mich über England wieder zurück nach Deutschland begeben."

Aber mit trockenen Reiserouten begnügt sich Mylius nicht. Er kann nicht umhin, seinen Plan zu besingen:

Die Welt, und Dich, Herr! in der Welt zu sehen,
Ist mein Beruf: Kann ich dem widerstehen? . . .
Eröffne mir, America, die Schätze,
Die Cortes floh, die Raleigh nicht gesucht;
Durch die ich nicht der Staaten Recht verletze,
Dem oft der Neid der Nationen flucht.
In Feld und Wald, auf Bergen und in Gründen,
Laß mich nicht Gold — nein, Gott und Weisheit finden.

Schon der erste Weg, den Mylius zur Vorbereitung seiner Weltreise macht, ist charakteristisch für die ganze „Expedition": er führt ihn zum Schneider, und ein kräftiger Teil des für das erste Jahr gedachten Geldes wird noch in Berlin für Garderobe ausgegeben. Mylius hat sich und seinen Diener ausstaffiert, und die Rechnung hat sich erhalten. Der Reisende war nicht kleinlich:

Oberwäsche, an Hemden und Binden	
20 Stück	= 66 Taler, 12 Gr.
Soviel Unterhemden	= 18 Taler
Ein rot Kleid mit einer grünen mohrenen	
Weste mit Gold	= 50 Taler
Ein blau und gelb tuchen Kleid	= 22 Taler
Eine Wolfsschnur	= 15 Taler
Beinkleider und Strümpfe	= 12 Taler
Ein Schlafrock	= 6 Taler
. . . Eine Perücke	= 2 Taler
Nachtmützen	= 2 Taler, 12 Gr.
Eine Taschenuhr mit Sekunden	
nebst Reparatur	= 40 Taler

Und für den Diener kommt auch noch einmal eine stattliche Summe zusammen. Der Schneider braucht eine Weile, bis alles genäht ist. Aber Mylius läßt sich mit seinem Aufbruch ohnehin Zeit. Muße genug, diesen Lebenslauf nachzuzeichnen.

Die alte Lateinschule in Kamenz. Hier war Mylius erst Schüler, dann kurze Zeit „adjungirter Schulhalter". Zu den Zöglingen gehörte für wenige Jahre auch *Gotthold Ephraim Lessing*. Der Stadtbrand von 1842 vernichtete die Schule, das Rathaus und auch Lessings Geburtshaus.

I
Spottgedicht auf Lessings Vater

Mylius stammt aus der großen Vorratskammer der deutschen Genies, aus einem protestantischen Pfarrhaus. Er gehört wie *Lessing, Wieland, Lichtenberg, Jean Paul, Matthias Claudius* und die *Brüder Schlegel* zu den „verlorenen Söhnen", die sich dem Predigeramt, aus welchen Gründen immer, entzogen und den Ruhm, die Welt, die Öffentlichkeit gesucht haben.

Christlob Mylius wurde am 11. November 1722 im oberlausitzischen Reichenbach an der Pulsnitz geboren, fünfter Sohn des Pastors *Caspar Mylius* und seiner Frau *Maria Elisabeth* (geborene *Ehrenhaus*), die aber schon bald starb. In erster Ehe war der Pfarrer mit einer Schwester von *Lessings* Vater verheiratet gewesen; alle seine Kinder, die drei aus der ersten und die zwei aus der zweiten Ehe (eine dritte blieb kinderlos) hatte *Caspar Mylius* mit frommen Namen versorgt: Christlieb, Christfried, Christhelf, Christhilf und zuletzt eben Christlob. Die Erziehung des Jüngsten übernahm bis zu dessen 17. Lebensjahr in der Hauptsache der Vater, zum andern die eigenwillige Neugier des Jungen selbst. In einer „Historia Myliana", die 1751 von *Johann Christoph Mylius,* einem anderen Mitglied der weitverzweigten Gelehrten-Familie, herausgegeben wurde, heißt es, daß Christlob früh schon literarische Studien betrieb, aber auch die Gärtnerei sehr liebte. Ostern 1739 kam er auf die Lateinschule des nahen Kamenz, wo sein „Onkel" *Johann Gottfried Lessing* Hauptpastor an der Marienkirche war. Erst als Schüler, später als „adjungirter Schulhalter", eine Art Hilfslehrer, blieb Mylius dort bis Ostern 1742. In Kamenz leistet sich Mylius als Neunzehnjähriger auch seinen ersten Skandal, erweist er zum ersten Male sein Talent, Anstoß zu erregen. Und zwar so:

Mylius war zum Bewunderer des Kamenzer Schulrektors *Johann Gottfried Heinitz* geworden, eines jungen Pädagogen, der als Anhänger *Gottscheds* allerlei Neuerungen an der Schule eingeführt und damit den Argwohn und provinziellen Zorn der Kamenzer provoziert hatte. Daß der Magister *Heinitz* die Ratsbibliothek auch als Schulbücherei nutzte, mochte noch angehen; daß er wenig Wert aufs Pauken legte, sondern mehr auf die Ausbildung der „Erfindungskraft, des Gedächtnisses und der Redegewandheit", war schon verdächtiger. Daß er aber für seine Zöglinge eine Bühne — getarnt als eine „Schule der Beredsamkeit" — einrichtete, daß er selbst dafür ein Schäferspiel schrieb, daß er also begann, regelrecht Theater zu spielen, war den Einwohnern des kleinen, ärmlichen und rückständigen Ortes ein Greuel. Mit immer neuen Schikanen brachten sie es so weit, daß *Heinitz* endlich aufgab und 1743 dem Klima der Verdächtigungen und öffentlichen Anprangerungen entfloh.

Christlob Mylius findet diese Vertreibung seines geliebten *Heinitz* empörend; er läßt die Sache nicht auf sich beruhen. Sein polemisches Temperament ist geweckt, und er schreibt ein langes satirisches Gedicht, das er in Leipzig drucken läßt, höhnische Verse über die Kleingeisterei von Kamenz:

Wer Kunst und Weisheit kennt, wer sich vom Pöbel hebt,
Als ein Gelehrter nicht an Wort und Silben klebt,
Vielmehr durch Weisheit forscht, in Gott und Geister dringet,
Der Seelen edle Kraft durch tausend Himmel schwinget;
Den haßt dies rohe Volk, kränkt und verfolget ihn,
Sucht ihm durch Spott und Schimpf die Ehre zu entziehn,
Die er sich da erwirbt, wo die Vernunft regieret,
Wo man Gelehrten gibt, was ihrem Wert gebühret.

Zu denen, die Mylius mit seinem erregten Spott strafte, gehörte auch *Lessings* Vater, der Kamenzer Hauptpastor, der

sich mit sonntäglichem Predigtzorn gründlich an der Schmä-
hung des Magisters beteiligt hatte, ja deren Wortführer ge-
worden war: denn alles, was nach Komödie aussah, war dem
protestantischen Eiferer Teufelswerk. Und solche Verse muß
sich nun *Johann Gottfried Lessing* gefallen lassen:
Und kamen in ein Haus, wo tausend fromme Mienen
Und soviel Heuchler auch, uns auf einmal erschienen.
Ein schwarz und weißer Mann stund da erhöht und schrie.
Er preßte Wort auf Wort mit ungemeiner Müh,
Mit laut und klarem Ton aus angestrengter Lunge;
Der rohen Jugend Herz — schrie er — ist lastervoll!
Sie hört nicht Gottes Wort! weil der sie lehren soll
Sie durch sein Leben selbst in aller Bosheit stärket!
Ach! Meine Lieben, ach! das werde ja vermerket.

Wenn Wirkung für einen Schriftsteller der beste Lohn ist,
so hatte der junge Mylius mit seinem Spottgedicht vollen Erfolg: Als er, kurz nach der Publikation, in den Semesterferien
des Frühjahrs 1743 nach Kamenz kam, ließ ihn der Magistrat
ins Gefängnis werfen und verklagte ihn vor einem Witten-
berger Schöffengericht. Es half dem Verfasser nicht, daß er
beteuerte, sein Gedicht schildere doch nur einen Traum: Er
wurde zu einer Geldstrafe verurteilt und mußte öffentlich
Abbitte leisten. Aber wenn er auch juristisch unterlegen war
— publizistisch hatte er gesiegt. Zum erstenmal hatte sich
Mylius als ein Genie des Ärgernisses erwiesen.

Die Affäre sollte, wenige Jahre später, ihre Schatten bis in
die deutsche Literaturgeschichte werfen: *Lessings* Vater vergaß
die Verse nicht, der Name Mylius wurde für ihn zum Reizwort,
zum Inbegriff frecher Weltlichkeit und dreisten Lotterlebens,
und als sein Sohn *Gotthold Ephraim* Ende 1748 nach Berlin
zog und mit Mylius Quartier, Gesellschaft und Zeitungsarbeit
teilte, reagierte der Pastor mit einer Vehemenz, die von christ-
licher Nächstenliebe und väterlicher Güte so weit entfernt
war wie das verwunschene Kamenz vom verwünschten Berlin:
Er schreibt seinem Sohn bitterböse, vorwurfsvolle Briefe, und

Der junge *Lessing:* in der Zeit seines Berliner Umgangs mit Christlob Mylius. Von Mylius selbst ist kein Porträt überliefert; seltsam genug bei seiner offenkundigen Eitelkeit.

die Mutter verweigert ihm einen längst versprochenen neuen Anzug. Der junge *Lessing,* der weiß, daß alles mit Blick auf Mylius geschieht, erregt sich: „Ich hätte längst unterkommen können, wenn ich mir, was die Kleidung anbelangt, ein bessres Ansehen hätte machen können. Es ist dieses in einer Stadt gar zu nötig, wo man meistens den Augen in Beurteilung eines Menschen trauet. Nun beinah vor einem Jahr hatten Sie mir eine neue Kleidung zu versprechen die Gütigkeit gehabt. . . . Sie schlagen es mir (jetzt) ab, unter dem Vorwande, als ob ich, ich weiß nicht wem zu gefallen hier in Berlin wäre."

Christian Fürchtegott Gellert (1715 bis 1769), berühmter Dichter, beliebter Professor in Leipzig, volkstümlich durch seine Fabeln und Lieder. In seinen Stücken durfte, ja sollte geweint werden.

Abraham Gotthelf Kästner (1719 bis 1800), einer der Lehrer von *Lessing* und Mylius an der Leipziger Universität. Rechtsgelehrter. Brillanter Schriftsteller und ein hervorragender Aphoristiker.

II
Ghostwriter für Gottsched

Im April 1742 war Mylius nach Leipzig auf die Universität gegangen, aber nach dem Tod seines Vaters im Juni desselben Jahres war an ein regelrechtes und regelmäßiges Studium nicht zu denken: mit Stipendien, Privatstunden, Gelegenheitsgedichten und journalistischer Kleinarbeit hielt sich Christlob Mylius über Wasser, mehr schlecht als recht, mehr unbekümmert als besorgt, durchtrieben eher als charaktervoll. Einer seiner Leipziger Lehrer, der nur drei Jahre ältere Professor *Abraham Gotthelf Kästner,* hat den Zug von chaotischer Arroganz beschrieben, der Mylius kennzeichnete, hat auch überliefert, mit welch ungenierter Selbstverständlichkeit der junge Mann anderen auf die Bude rückte, wenn er sich kein eigenes Quartier leisten konnte: „Alsdann aber mußte er Herr auf der Stube sein, und nicht der, der sie ihm gab."

Mylius wird — wie vier Jahre später *Lessing* — Medizinstudent; aber das Medizinstudium ist damals noch Wissenschaft vom Menschen im weitesten Sinne, ja es wird zu einer speziellen philosophischen Avantgarde, zur experimentellen Großfahndung nach dem Sitz der Seele, zur anatomischen Nachprüfung des „cogito ergo sum" *(Descartes).* Aber das Interesse des jungen Studenten war weitgespannt: er besuchte auch Vorlesungen in Mathematik, Naturlehre und Naturgeschichte, und ein besonderes Faible hatte er für die Astronomie. Schon früh offenbart er Sammelleidenschaft; es ist wiederum *Kästner,* der berichtet: „. . . wobei er zeitig anfing, sich Pflanzen,

Insekten, Fossilien und andere natürliche Merkwürdigkeiten
... zu sammeln ... Keinen unter diesen so verschiedenen
Gegenständen hielt er seiner Aufmerksamkeit unwert, wenn
er nur Gelegenheit hatte, ihn zu untersuchen. Er wußte die
Pflanzen mit dem (das heißt: wie ein) methodischen Kenner,
mit dem Naturforscher und dem Gärtner zu betrachten; und
die Verwandlungen der Insekten, selbst unter der Hülle der
Puppe, mit der Geduld und Geschicklichkeit des Zergliede-
rers zu verfolgen. Eben der beobachtende Geist ... lenkte sich
auch auf die entferntesten himmlischen Körper, von denen
ihm, mit seinem Willen, nichts unbekannt blieb, was das ge-
wappnete Auge an ihnen sehen, und der Verstand von ihnen
entdecken kann ...“

Sterngucker, Sammler, Mediziner — vor allem aber war
Christlob Mylius Journalist, ein Schreiber mit Verve, Witz und
Weltbegierigkeit. Noch ehe es den Anlaß gab für das Spottgedicht auf die Kamenzer, hatte Mylius in einem Aufsatz den
Kampf des Magisters *Heinitz* um eine Schulbühne geschildert
und sich Gedanken gemacht über die rechte Art, Theater zu
spielen, hatte erklärt, daß „die Wahrscheinlichkeit der Vorstel-
lung“ — gemeint ist die Darstellung — „bei den Schauspielern
ebenso nötig ist als die innere Wahrscheinlichkeit derselben“.
Die Kunst müsse die Natur kopieren. Und die Bühne müsse
ebenso wichtig genommen werden wie die Kirchenkanzel.

Mylius erwies sich mit solchen Thesen als ein Jünger des
berühmten Leipziger Professors *Gottsched* (1700–1766). Der
war um jene Zeit eine Art Papst der Beredsamkeit, Deutschlands oberster Dramaturg, ein Mann der Regel und der Maß-
regelung, Musterautor und Autorenmuster, Großschriftsteller
und ein Theatergewaltiger obendrein, der sich mit der Vertreibung des Hanswurst von der deutschen Bühne eher fragwür-
digen Ruhm erworben hat. *Johann Christoph Gottsched* war
durch seine tentakelhaften Aktivitäten in Hunderte von litera-
rischen Fehden verwickelt. Viel Feind, viel Ehr’ — dieser Satz
galt für ihn nur mit Maßen; viele Feinde hatte er zwar, aber

er konnte sich ihrer zunehmend nur mit Unehre erwehren und indem er junge Leute an sich zog, die — zunächst — meist blind für ihn Partei nahmen. Zu einem dieser Lohnschreiber, dieser Gottschedianischen Ghostwriter und Wortlakaien, wurde alsbald auch Mylius.

Er und ein anderer Student, *Johann Andreas Cramer,* wurden von *Gottsched* für ein von ihm neugeschaffenes Blatt engagiert, die „Bemühungen zur Beförderung der Kritik und des guten Geschmacks" (nach dem Verlagsort Halle kurz die „Hällischen Bemühungen" genannt). Hinter dem seriös-umständlichen Titel verbarg sich eine Kampf- und Schimpfschrift; denn *Gottscheds* Autorität begann in eben jenen Jahren abzubröckeln; und die „Bemühungen" sind von jener aggressiven Lauthalsigkeit, die von Rückzugsgefechten ablenken soll. In einer der ersten Nummern — die Zeitschrift war im Juli 1743 herausgekommen — leistet sich Mylius das zweite große Ärgernis seiner publizistischen Laufbahn. Diesmal aber ist nicht die Spießigkeit einer Kleinstadt das Ziel, nicht der Eifer-Geifer eines orthodoxen Lutheraners; diesmals macht sich Mylius über einen Mann her, der nicht nur zu den großen Gelehrten und eindrucksvollen Charakteren des 18. Jahrhunderts zählt, sondern auch der kühnste, sprachinnigste Dichter der Jahrzehnte vor 1750 ist: eben jener *Albrecht von Haller,* der zehn Jahre später die Obhut über Mylius' große Reise übernehmen wird. In einem großen, philosophischen Gedicht „Über den Ursprung des Übels" hatte der aus Bern gebürtige und in Göttingen lehrende *Haller* die Erschaffung der Welt neu zu formulieren unternommen und dabei eine Reihe verwegener und bewegender Bilder gebraucht, unter anderem dieses:

Befruchtet mit der Kraft des wesenreichen Wortes
Gebiert das alte Nichts.

Und Mylius fertigt diese Verse mit der höhnischen Bemerkung ab: „Ei, das ist schön, der Teufel selbst kanns nicht verstehn"; Zeile für Zeile des langen Gedichts unterwirft er seinem jugendlichen spöttischen Übermut. Die Kritik erregte großes Aufsehen, und überall, in Leipzig wie in Berlin und Zürich, setzte ein Rätselraten ein, wer der Verfasser wäre. Die Rezension war anonym erschienen (wie es zu jener Zeit publizistischer Brauch war), und Mylius hatte sich noch nicht einen so deutlichen Namen machen können, als daß man ihn hinter diesem Verriß vermutet hätte. So blickten alle, zustimmend oder zürnend, auf *Gottsched*. Erst *Lessing* hat, nach dem Tod seines „Vetters" Mylius, den wahren Sachverhalt, nicht ohne Häme, publik gemacht: „Doch ich zweifle", schreibt *Lessing*, ob Herr Mylius zu einer wichtigern Kritik aufgelegt war; sein Geist war in *Gottscheds* Schule zu mechanisch geworden, und der unglückliche Tadler der ewigen Gedichte eines *Hallers* konnte unmöglich mit seinem Geschmacke . . . bewundert werden. Wie? werden Sie sagen, der unglückliche Tadler *Hallers?* Ja, mein Herr, dieses war Herr Mylius; denn er ist es, aus dessen Feder die Beurteilung des Hallerischen Gedichts über den Ursprung des Übels . . . geflossen ist. Ich sage mit Fleiß, aus seiner Feder und nicht aus seinem Kopfe. Der Herr Professor *Gottsched* dachte damals für ihn, und mein Freund hat es nach der Zeit mehr als einmal bereuet, ein so schimpfliches Werkzeug des Neides gewesen zu sein. Doch ich weiß schon, auf wen die größte Schande fällt; auf den ohne Zweifel, auf welchen alle seine Schüler ihre Vergehungen bürden, und ihn, wie den Versöhnungsbock, in die Wüste schicken sollten . . ." Gemeint ist abermals *Gottsched*. — Mylius aber hatte, im Jahre 1743, schon zum zweitenmal Gelegenheit zu erfahren, wieviel Furore er mit seiner Feder machen konnte: Nach der Kamenzer Affäre nun die allgemeine Erregung über den kritischen Zugriff: sein Wort, so durfte sich der Einundzwanzigjährige sagen, war Waffe: Wäre es nur auch schon Waffe in einem gerechten Kampf gewesen! — So aber wird seine Streitbarkeit von *Gottsched* zu Weihnachten 1743 mit einem abgelegten Pelzmantel belohnt.

III
Freigeist und Satiriker

Aber Mylius ist ein zu selbständiger Kopf, als daß er lange stellvertretend denken und schreiben könnte; er ist zu ehrgeizig, um immer nur in fremden Diensten zu stehen. Und er ist viel zu eigenwillig für anderer Leute Launen. Schon Mitte der vierziger Jahre fängt er an, sich aus dem Banne *Gottscheds* allmählich zu lösen. Das wird ihm — wie auch seinem Komplicen *Cramer* — um so leichter gemacht, als der professorale Pascha seine Streitsucht so weit getrieben hat, daß er sich nicht mehr zu ihr zu bekennen wagt. Was er selbst veranlaßt, weist er zugleich empört von sich. Die Zeitschrift, die niemand als er ins Leben gerufen hat, nennt er eine gemeine Schimpfschrift, ihre Verfasser die Handhaber eines „volleingeschenkten Tintenfässels". So daß dann Mylius am Ende des zweiten Bandes der „Bemühungen" einen Schlußstrich unter sein Verhältnis zu *Gottsched* zieht, kurz und bündig: „Wer kann von uns verlangen, daß wir aus unzeitiger Gefälligkeit und Erkenntlichkeit gegen einige Verdienste vor der ganzen vernünftigen Welt zur Abscheu werden sollen?" Aus dem Jünger wurde ein „Todfeind".

Zeitschriften gründete er nun selbst, als erste die „Philosophischen Untersuchungen und Nachrichten", die von 1744 bis 1746 in Leipzig erschienen und mit religionskritischen Aufsätzen sehr bald die lutherische Orthodoxie alarmierten. In den „Drei Gesprächen über wichtige Wahrheiten" stellt Mylius, wie später *Lessing* im Fragmenten-Streit, „ausgemachte

Wahrheiten" zur Diskussion, bezweifelt, daß die „heiligen Schriftsteller" (also die Evangelisten) „nur so hingeschrieben, was ihnen, ganz ohne ihr Zutun, von sich selbst, durch Hilfe des Heiligen Geistes, eingekommen wäre". Und er bestreitet, daß die Bibel „aus lauter unmittelbaren Gedanken des Heiligen Geistes" bestehe.

Solche provokanten Gedankengänge werden im Titel einer weiteren Zeitschrift zum Programm: „Der Freygeist" heißt ein Blatt, das 1745 erscheint. Dabei sind die Aufsätze, die Mylius für seine neue Publikation schreibt, alles andere als gottlos; vielmehr verraten sie die geradezu dringliche Sehnsucht des Aufklärers, Vernunft und Glauben, Gott und die Erscheinungen dieser Welt so überein zu bringen, daß der Verstand nicht abdanken muß. Es ist die Position der englischen Deisten, die Mylius einnimmt, wenn er schreibt: „Wie sollte auch ein Mensch, der nur etwas über die Sphäre der unvernünftigen Tiere erhaben ist, bei Erblickung des Glanzes unzähliger Sonnen, ohne Empfindung sein können, und nicht im Geiste sich von allen Enden der Welt, mit lauter Stimme, zurufen hören: Es ist ein Gott." Mit ähnlichen Worten hatte *Voltaire* bekannt: „Entweder sind die Sterne selbst große Mathematiker, oder der ewige Mathematiker hat die Sterne eingesetzt. Aber wo ist dieser ewige Mathematiker? Ist er an einem Ort oder überall? Hat er aus eigener Substanz alle Dinge gefügt? Was ich weiß, ist, daß man ihn anbeten und gerecht sein muß."

Lessing überliefert von Mylius einen rührenden Zug: Den „Trost der Weltweisheit" von *Boethius,* den er im 13. Heft des „Freygeist" begeistert angezeigt hatte, habe er wirklich so sehr geliebt, daß er eine Miniaturausgabe des Buches in seiner Schnupftabaksdose bei sich getragen hätte. Und *Lessing* berichtet auch, daß Mylius selbst nun den Spitznamen „der Freigeist" bekommen habe: „Was übrigens den Inhalt des Freygeistes anbelangt, so wird auch der eigensinnigste Splitterrichter nicht das geringste darinne zu finden, was der christlichen Tugend und Religion zum Schaden gereichen könnte. Gleichwohl aber war es . . . seinem guten Namen einigermaßen nachteilig, ihn geschrieben zu haben. Er behielt von der Zeit an den Titel seines Buchs statt eines Beinamens, und seine Bekannten waren noch lange hernach gewohnt, die Namen Mylius und Freygeist eben so ordentlich zu verbinden, als man jetzt die Namen Edelmann und Religionsspötter verbindet."

Natürlich konnte ein junger Autor von der Versatilität des Christlob Mylius nicht in Leipzig sein, ohne auch Stücke zu schreiben. *Gottsched* und *die Neuberin* hatten die sächsische Metropole zur Theaterhauptstadt Deutschlands gemacht, erst vereint, dann in heftigem Gegeneinander, die Bühne stand jungen Talenten offen, und die Schauspielerinnen wurden zu handsamen Musen. Nicht ohne Reiz ist das aus dem Jahre 1745 stammende Lustspiel „Die Ärzte", eine Auftragsarbeit mit dem Ziel, einen ganzen Stand satirisch unter die Lupe zu nehmen. (Die Grundhaltung, mit der sich Mylius ans Werk macht, ist nicht allzu verschieden von der, die *Rolf Hochhuth* in seinem Stück „Die Ärztinnen" beweist: kritisch, überdreht, unterhaltsam.) Frau Vielgutin, deren Mann auf einer Weltreise abhanden gekommen und deren Tochter stark heiratsfähig geworden ist, hat sich in die Hände zweier spitzbübischer Mediziner begeben, die es mit konkurrierenden Kuren verstehen, aus der eingebildeten Kranken eine wirklich hinfällige Dame zu machen. In ihrem von Klistieren und medizinischem Geschwätz geschwächten Zustand verspricht die Patientin ihre Tochter demjenigen der beiden Ärzte zur Frau, der die ebenfalls kranke Köchin Dora zu heilen verstünde. Das junge Luisgen will aber weder den Dr. Pillifex noch den Dr. Recept heiraten, die sie beide widerlich findet; dagegen hat es ihr der liebenswürdige Damon angetan, und den bekommt sie zum guten Schluß auch: Dann nämlich, als ein böser Kontrakt aufgetaucht ist, mit dem die beiden Doktoren sich Luisgen teilen wollten; als sich zeigt, daß die Köchin nicht die Wassersucht, sondern ein Baby hat, und das vom Herrn Recept; als Frau Vielgutin nach soviel Schocks wieder bei Troste ist; und als sogar der Herr des Hauses aus seiner mehrjährigen Verschollen-

Die *Neuberin* in tragischer Pose als Medea. Aber diese Volksschauspielerin hat mit ihrer Neugier auf neue Stücke einige Genies entdeckt: der spektakulärste Fall ist *Lessing*. Mylius hatte mit seinen Versuchen weniger Glück.
Oben: Publikum vor einer Lustspielszenerie.

heit wieder aufgetaucht ist und mit einer Selbstverständlichkeit die noch losen Handlungsfäden verknüpft, als wäre er nur auf ein Glas Wein im nächsten Wirtshaus gewesen. Viele Szenen dieses Stücks sind platt, unwahrscheinlich, derb bis zur Unflätigkeit; aber insgesamt dominiert ein pointierter Witz, zumal in den Diener-Dialogen. Und die Satire auf die Ärzte und ihre Heilmittel ist mit der süffisanten Sachkenntnis ausgestattet, über die Mylius als Kandidat der Medizin reichlich verfügte.

Auf seine medizinischen Einsichten greift Christlob Mylius nicht nur im Spott, sondern auch allen Ernstes gern zurück, so in einem längeren Aufsatz, in dem er gegen die „galante Folter" der Schnürbrüste zu Felde zieht. Dieser Artikel findet sich in einer weiteren von Mylius gegründeten Zeitschrift: sie heißt „Der Naturforscher" und erscheint in den Jahren 1747 und 1748. (Ihr ist der Großteil der in diesem Band abgedruckten Texte entnommen.) Diese „physikalische Wochenschrift", die sich gleichwohl hütete, streng wissenschaftlich zu sein, wurde zur eigentlichen publizistischen Plattform des eigenständig gewordenen Mylius. Und mehr noch als „der Freygeist" charakterisierte der Titel „Naturforscher" den genialen jungen Mann: Sein Talent lag nicht so sehr in der Leichtigkeit des Versemachens, in der sarkastischen Wendung seiner Glossen; es kam viel deutlicher und seriöser zum Ausdruck in seiner Lust an der Recherche, in seiner Hinwendung zur Naturerkundung. Dem Schreiber stand der Beobachter ebenbürtig zur Seite. Mylius war ausgestattet mit der Haupttugend der aufklärerischen Epoche, mit einer großen, allumfassenden Neugier, mit einem weiten Interesse für Realien und für Menschen. „Alles geht uns an, alles ist für uns gemacht", hatte *Voltaire* gesagt, und genau dies war auch das Lebensgefühl des Christlob Mylius. Er hatte die Neigung zum Enzyklopäden, nur fehlte ihm dazu etwas Entscheidendes: die Sammlung, die Fasson, die Disziplin.

Lessing schreibt später über die Schwierigkeiten, die Mylius mit seiner Umgebung und mit sich selbst hatte: „So würde ich sagen, daß ein gewisses neidisches Geschick über die deutschen

Professor *Johann Christoph Gottsched* und seine Frau *Luise Adelgunde Viktoria. Gottscheds* Schriften waren Vorschriften, und Mylius brauchte lange, ehe er sich aus dem Bann des berühmten Literaturpapstes zu lösen vermochte.

Genies, welche ihrem Vaterland Ehre machen könnten, zu herrschen scheine. Sollte es aber wohl schwer sein, eine natürliche Ursache hiervon anzugeben? Wahrhaftig, sie ist so klar, daß sie nur derjenige nicht sieht, der sie nicht sehen will. Nehmen Sie an, daß ein solches Genie in einem gewissen Stande geboren wird, der, ich will nicht sagen, der elendeste, sondern nur zu mittelmäßig ist, als daß er noch zu der sogenannten güldenen Mittelmäßigkeit zu rechnen wäre. Nun überlegen Sie, was für Schwierigkeiten dieses Genie, in einem Land wie Deutschland, wo fast alle Arten Ermunterungen unbekannt sind, zu übersteigen habe. Bald wird es von dem Mangel der nötigsten Hilfsmittel zurück gehalten; bald von dem Neid unterdrückt; bald in mühsamen und seiner unwürdigen Geschäften entkräftet..."

Für *Lessing* war „Der Naturforscher" das früheste öffentliche Forum: hier erschienen seine ersten Gedichte, galante oder witzige Verse ganz im Stil der Zeit, und Mylius führt ihn denn auch ein als seinen „anakreontischen Freund" und kennzeichnet die beschwingten Verse mit einem „L". Während der „Naturforscher" wöchentlich erschien, kamen die „Ermunterungen zum Vergnügen des Gemüths" — eine weitere Gründung von Christlob Mylius — einmal im Monat, gleichfalls in den Jahren 1747/48, heraus. Auch für diese Zeitschrift schrieben *Lessing* und andere Leipziger Freunde. Es bildete sich ein neuer Stil heraus, der bald darauf in Berlin zu voller Entfaltung gelangen sollte und der die Lessing-Forschung bis heute vexiert: Sie alle — Mylius, *Kästner, Christian Nikolaus Naumann, Heinrich August Ossenfelder* — und keineswegs nur *Lessing* — verstanden sich auf Prägnanz, Pointe und Popularität; sie schrieben ohne Zopf und Zaghaftigkeit; aus den Zeilen spricht ein neues Selbstgefühl, und zwischen ihnen bricht übermütigster Witz hervor. Und so rätseln noch heute die Philologen über mancher Rezension jener Zeit: *Lessing* oder Mylius? *Lessing* oder *Naumann? Lessing* oder *Kästner?* Das spielt sich dann aber nicht mehr in Leipzig ab; jetzt heißt die Szene Berlin.

Die Brüderstraße, sehr berlinisch.

IV
Berlins erster Boulevardier

Am 5. August 1748 gibt Mylius im „Naturforscher" Nachricht: „Ich habe seit vierzehn Tagen nicht mehr mit meinen Lesern gesprochen ... Die Ursache ist eine Reise nach Berlin, welche ich, der großen Sonnenfinsternis wegen, dahin getan habe, und wo ich noch itzo bin. Wer den schönen und allen Liebhabern der Astronomie höchst nötigen berlinischen astronomischen Kalender ... gesehen hat, der wird mich nicht fragen, ob man denn nur in Berlin diese Sonnenfinsternis hat sehen können? Sie ist in ganz Europa, wie auch im größten Teile Asiens, desgleichen in einem Stück von Africa und America, sichtbar gewesen. Aber ich habe vor kurzem gezeigt, daß die Sonnenfinsternisse immer an einem Orte größer sind als an dem andern ... Unter denjenigen Örtern, welche in besagter Linie oder sehr nahe dabei lagen" — gemeint sind die Positionen der günstigsten Beobachtung — „waren Hamburg, Magdeburg, Berlin, Stettin, Frankfurt an der Oder und Krakau. Der nächste und beste Weg, den ich, diesen Ring zu sehen, nehmen konnte, war nach Berlin; und da ich einmal fest beschlossen hatte, diese sehr merkwürdige Himmelsbegebenheit, welche man in vielen Jahrhunderten nicht zu sehen bekömmt, zu sehen, so mußte ich notwendig dahin reisen, und dieses um so mehr, da ich in Berlin die beste Gelegenheit, durch Hilfe guter Instrumente, diese Sonnenfinsternis zu betrachten, haben konnte. Man wird so billig sein, und mir eine Reise von 20 Meilen, einer so seltenen Himmelsbegebenheit wegen, nicht zur Torheit machen. Hat *Louville* im Jahre 1715, einer bloß totalen

Mit Mylius bei der Mond-
finsternis im Sommer 1748:
Der Mathematiker *Leonhard
Euler* (1707 bis 1783). Vierzehn
Tage früher beobachtete
Mylius eine Sonnenfinsternis.
Mathematik und Astronomie
waren für das 18. Jahrhundert
Schwester-Wissenschaften.

Sonnenfinsternis wegen, von Paris nach London reisen können, so wird meine astronomische Reise von Leipzig nach Berlin um desto mehr zu entschuldigen sein, da eine ringförmige Sonnenfinsternis etwas weit seltener ist, als eine totale. Ja dieser Sonnenfinsternis wegen ist ein Mitglied der königl. parisischen Akademie der Wissenschaften von Paris nach Schottland gereist; und diese weite Reise wird dasselbe so wenig reuen, als mich meine dagegen sehr kleine Reise reuet."

Wenn hier so ausführlich zitiert wird, was Mylius so umständlich begründet, dann hat das biographische Gründe: offenbar hat die Sonnenfinsternis Mylius' Lust geweckt auf das helle, aufgeklärte Berlin; denn nicht nur, daß er seine kleine Reise ausdehnte und auch noch eine vierzehn Tage später eintretende Mondfinsternis abwartete, die er in der Gesellschaft des berühmten Mathematikers *Euler* beobachten durfte; er kehrte nur noch für einige Wochen nach Leipzig zurück und trat im November des Jahres als „Zeitungsschreiber" in die „Berlinische Privilegirte Zeitung", die spätere „Vossische", ein, auch da wieder seinen Freund *Lessing* nach sich ziehend.

Aber kaum sind die ersten Rezensionen und Berichte geschrieben, da wandelt ihn schon wieder die Lust am Skandal an. Mylius möchte auffallen in Berlin, und sein Wunsch geht, wenn auch als Eklat, in Erfüllung. Mylius gründet, zu Beginn des Jahres 1749, wieder eine eigene Zeitschrift. Es wird das erste Boulevard-Blatt Berlins, eine Klatsch-Gazette schlimmsten Kalibers, ein Sammelsurium von Tratsch und Trivialität, ein Organ für das, was sonst in Berlin nur hinter vorgehaltener Hand weitergesagt wird. Und natürlich ist allerhand los in der Residenzstadt, die immerhin bald hunderttausend Einwohner haben wird.

Schon die Vorbereitung betreibt Mylius mit linker Hand und keck genug. *Lessing,* der ihm zugesehen hat, berichtet: „Das erste Blatt kam Donnerstags heraus. Den Sonntag vorher wußte Herr Mylius noch nicht, wie es heißen sollte. Er lief hundert

Voltaire und *Friedrich* – im Sommer 1750 sollte ein euro-
päisches Rendezvous beginnen: Geist und Macht vereint unter
einem Dach. Aber bald war *Voltaire* kaum mehr als ein Gastgefangener in Berlin. Der Aufenthalt endete nach zweieinhalb
Jahren mit einem Eklat, in dem sich Mylius auf die Seite
Voltaires schlug. Erst später kamen *Friedrich* und *Voltaire* sich
wieder näher, wenn auch vorsichtshalber nur in Briefen.

Namen durch und konnte keinen finden, der ihm recht gelegen wäre. Endlich half ihm der geschwinde Witz eines guten Freundes aus der Not. Sie können sich nicht entschließen, wie Sie Ihr Blatt nennen wollen? sagte der Herr K. zu ihm. Nennen Sie es den Wahrsager. Die zu dumm waren, Sie als einen Freigeist zu hören, die werden gewiß nicht zu klug sein, Ihnen als einem Wahrsager zu folgen. Dieser Einfall ward gebilligt, und in drei Stunden war das erste Stück fertig. Mit dieser Geschwindigkeit hat Herr Mylius auch die übrigen ausgearbeitet."

Mylius spekulierte auf die liberale Pressepolitik *Friedrichs*, mit der es aber 1749 nicht mehr so weit her war. *Friedrich II.* hatte im Jahre 1740 seine Herrschaft geradezu journalversessen angetreten. Der junge König hatte sich schon in den allerersten Tagen nach der Thronbesteigung auch um die Belebung der Berliner Zeitungslandschaft gekümmert, das heißt vor allem um eine Konkurrenz zu der reichlich langweilig gewordenen „Berlinischen Privilegirten"; und er hatte damit auch eine alte Dankesschuld beglichen: Der Potsdamer Buchhändler *Haude* hatte vor Jahren, als *Friedrichs* Vater auf die französische Bibliothek des Kronprinzen gestoßen war und darin so etwas wie einen Umsturzversuch erblickt hatte, die Bücher aufgekauft und bei sich verwahrt. Nun erhielt er den Auftrag, ein Konkurrenzblatt zu gründen und gleich auch noch eine Zeitung in französischer Sprache, das *Journal de Berlin*. Aber *Friedrich*, damals noch ergebener Zögling des französischen Aufklärers *Voltaire*, wußte, daß es mit Zeitungsgründungen allein nicht getan war; sie brauchten auch publizistischen Spielraum. Und so gab es denn gleich in den ersten Regierungstagen des Jahres 1740 den berühmten Befehl, „daß dem hiesigen Berlinschen Zeitungsschreiber eine unumschränkte Freiheit gelassen werden soll" und „daß Gazetten, wenn sie interessant sein sollten, nicht geniert werden müßten".

Aber indem Mylius so unverfroren auf solche Liberalität setzt, macht er ihr zugleich ein Ende. Es ist wiederum *Lessing*, der Bericht erstattet: „Als ein neuer Ankömmling in Berlin

36

Der große *Voltaire*,
der Mann mit den
vielen Gesichtern.

hatte er sich ohne Zweifel einen allzu großen Begriff von der hiesigen Freiheit der Presse gemacht. Sein ‚Wahrsager' kam nicht weiter als bis auf das zwanzigste Stück. Die fernere Fortsetzung ward ihm höheren Ortes verboten, und es wäre seiner Ehre zuträglicher gewesen, wenn man ihm gleich den Anfang untersagt hätte. Ich kann Ihnen nicht sagen, wie ungleich er sich darin sieht! Die Schreibart ist nachlässig, die Moral gemein, die Scherze sind pöbelhaft, und die Satire ist beleidigend. Er schonte niemanden und hatte nichts Schlechteres zur Absicht, als seine Blätter zur skandalösen Chronik der Stadt zu machen. Man schrie daher überall wider ihn, bis ihm das Handwerk gelegt wurde."

So wird Mylius' „Wahrsager" der Anlaß, oder doch zumindest der Vorwand dafür, daß *Friedrich* den zehn Jahre vorher verkündeten Spielraum einengt. Am 11. Mai 1749 läßt er, sinnigerweise durch seinen Kriegsminister *Dohms,* die Prinzipien einer neuen Pressepolitik verkünden: „Nur was auf die eine oder andere Weise den Staat angreift, was wahre Tugend beleidigt und das Laster verteidigt oder die Einbildung zur Begehung desselben geradezu anreizt, was die allgemeine und vernünftige Religion angreift, was gute Sitten und den allgemein eingeführten Wohlstand verletzt, was die Ehre und den guten Namen eines Dritten beleidigt — nur dieses darf ein Zensor in *Friedrichs* Staaten ausstreichen; alles übrige muß er unberührt lassen, es mag im übrigen wahr oder falsch, klug oder ungereimt, witzig oder abgeschmackt erscheinen." Das mag noch einigermaßen liberal klingen; wie es aber schon zwei Jahre später in der Praxis aussah, bezeugt ein Brief *Lessings* an seinen Vater: „Ich würde Ihnen auch die hiesigen politischen Zeitungen mitschicken können, wenn ich glaubte, daß Ihnen damit gedient wäre. Sie sind, wegen der scharfen Censur, größtenteils so unfruchtbar und trocken, daß ein Neugieriger wenig Vergnügen darinne finden kann."

Aber auch jetzt noch gilt, daß Mylius nicht weit ist, wenn es irgendwo Skandal gibt. Und Skandal gibt es mit einiger Regelmäßigkeit, seit *Voltaire* in Berlin ist, als eine Art Gastgefangener *Friedrichs;* dessen Bewunderung für den französischen Schriftsteller ist durch den persönlichen Umgang binnen zweier Jahre einer intriganten Feindseligkeit gewichen. Und als der König, der nun einmal ohne Franzosen nicht leben kann, den Berliner Akademiepräsidenten *Maupertuis* seinem einst so geliebten *Voltaire* vorzuziehen beginnt, macht sich der mit raffiniertem Spott über ein Buch her, in dem *Maupertuis* allerlei phantastische Vorschläge vorgebracht hatte, so zum Beispiel, man solle ein Loch bis zum Mittelpunkt der Erde graben, um über die Beschaffenheit des Erdinnern Auskunft zu bekommen. Da müsse man aber ein tüchtiges Loch buddeln, höhnt *Voltaire,* und das könne eine beträchtliche Gefahr für das „europäische Gleichgewicht" bedeuten. „Akakia" nennt sich die Voltairesche Schmähschrift, und der sie ins Deutsche übersetzt, ist niemand anderes als Christlob Mylius.

Der hat in dem Konflikt temperamentvoll *Voltaires* Partei ergriffen, und das heißt immerhin, sich nicht nur *Maupertuis* zum Feind gemacht, sondern auch der Ungnade des Königs ausgesetzt. In einem Gedicht „An die Frau von Maupertuis" reimt Mylius:

Der selbst dem Tod den Tod geschworen,
Dein kranker Mann, befiehlet dir:
„Ruf eher keinen Arzt zu mir,
Als bis ich den Verstand verloren."
Wenn dich des Mannes Tod nicht freut,
So ruft ihn; jetzt ist's hohe Zeit.

Friedrich ist wütend, als er den „Akakia" zu Gesicht bekommt und erfährt, daß *Voltaire* der Verfasser ist. Er verbietet den Druck des Buches in Berlin. Doch sein Zorn steigert sich noch, als ihm Ende 1752 frische Exemplare, diesmal mit dem Druckort Leipzig, gezeigt werden. Am Weihnachtstag läßt er an verschiedenen Stellen der Stadt, so auch auf der Straße vor *Voltaires* Quartier, den „Akakia" verbrennen. Und auch zu die-

Maupertius, ab 1740 Berliner Akademie-Präsident.

ser Affäre schweigt Mylius nicht. Mit zwei Vierzeilern kommentiert er den barbarischen Akt:

Auf die Verbrennung des Akakia

Dem kleinsten Teil der Stadt
War Moreaus Schimpf bekannt.
Nun liest ihn alle Welt,
Seitdem man ihn verbrannt.

An den Verleger des Akakia

Leg Akakien wieder auf
Mit Moreaus Bildnis oben drauf:
So wird man künftig beim Verbrennen
Den Grund davon erraten können.

Reisen im 18. Jahrhundert, mit den listig-kritischen Augen *William Hogarths* gesehen. Nach Hochkomfort sieht die mehr notgedrungene Unterbringung in der Kutsche nicht aus.

V
Die Reise in den Tod

Die Wandlungen gehören zum Lebensbild von Christlob Mylius. Der Mann, der sich als „Wahrsager" nicht skandalös genug verhalten, der nicht reißerisch genug berichten konnte, zeigte sich zu Beginn der fünfziger Jahre auch wieder ganz dezidiert als Naturforscher, als einer, der zu den Tages-Streitigkeiten eine noble Distanz bewahrt: Er hat eine neue Zeitschrift unter dem Titel „Physikalische Belustigungen" gegründet, und er bekennt gleich zu Beginn seinen Widerwillen gegen das, was er selber bis dahin mitgemacht hat: „Da uns die Rezensionen in so vielen gelehrten Zeitungen und Tagebüchern zum Ekel und fast zum Abscheu werden wollen, so sollen sie aus dieser Monatsschrift gänzlich ausgeschlossen sein. Mich dünkt, wenn man fünfzig Rezensionen von einem Buch hat, so kann man die einundfünfzigste entbehren."

Und Mylius beobachtet nun nicht mehr die Berliner Gesellschaft, sondern das — Wetter. Er beschreibt nicht mehr Skandale, sondern macht „oekonomische Anmerkungen über den kurzen Sommer im Jahre 1750". Er macht keinen publizistischen Wind, er überlegt, wie man mit Hilfe verschieden großer Glöckchen die Windstärke messen kann. Er stellt sozialpolitische Überlegungen an, wie man zu einem beständigen und gerechten Kornpreis gelangen kann. Er druckt Beiträge über den Niagara-Fall, über die Zubereitung des Salmiaks in Ägypten ab. Die Leser finden aber auch praktische Ratschläge wie den, „einen Pflaumenbaum im Winter mit seinen Früchten grün und frisch zu erhalten, wie im Sommer, und zwar im freien Garten", und sie werden unterhalten mit allerlei Spekulationen: „Daß die Mathematiker zum Nachdenken nicht geschickt sind", „Von der allmählichen Annäherung der Erdkugel zur Sonne", „Ob die Erze noch täglich unter der Erde wachsen?"

Die Zeitschrift dient aber nicht zuletzt der publizistischen Vorbereitung der von Mylius geplanten Weltreise, sie soll eine Visitenkarte für die Bekanntschaft mit den führenden Gelehrten Europas sein. Sie führt vor, wie genau Mylius beobachten, wie präzis er seine Beobachtungen beschreiben kann, wie vielfältig seine Interessen sind. Sie suggeriert, wie gut er als Rechercheur der Alten Welt sich in der Neuen bewähren würde.

Das Projekt der Forschungsexpedition nimmt Gestalt an, und die Erwartungen der Geldgeber werden konkret. Die Auftragsliste, die *Albrecht von Haller* zusammengestellt hat und die Mylius abdruckt, liest sich eindrucksvoll, ja geradezu erdrükkend. Kann man den Christlob Mylius, dessen Leben bisher skizziert wurde, mit den mannigfachen Bestellungen des Gelehrten übereinbringen, kann er sich selbst bei all diesem verordneten Sammeleifer wohlbefunden haben? Kann man sich Mylius und dieses kategorische Arbeitsprogramm vorstellen: „Er geht das erste Jahr über England nach Georgien und hält sich hauptsächlich zu Eben-Ezer bei den Deutschen auf, als am südlichsten Orte vom Englischen Amerika. Den Frühling darauf reist er so viel möglich über Land, und wo dieses nicht angehet, zur See, nach Nordamerika, und insbesondere in die Pennsylvanische Kolonie, und so nahe als es angehen will, an die Gebirge, reiset auch, wo es sonst nicht unmöglich ist, bis nach Osbego über das Gebirge. In dieser Kolonie bringt er wieder ein Jahr zu. Den Frühling nach diesem Jahre reist er nach den Antillischen Inseln, und entweder hält er sich ein Jahr lang auf Jamaica auf, oder er geht nach Surinam, um in dieser Gegend sein drittes Jahr zuzubringen, nach welchem seine Verbindung zu Ende ist, und er nach Europa heraus gehen kann." Und nun schreibt ihm *Haller* unendliches Bücken, stete

Aufmerksamkeit, penibelste Ordnung vor: „Er sammelt an allen Orten, wo er sich befindet, alle Merkwürdigkeiten der Natur, besonders die Pflanzen, die er so sauber als möglich und in genugsamer Menge einliest und trocknet, und den Ort, wo er sie gefunden, die Zeit, da sie geblüht, und das von ihren Tugenden erfahrene verzeichnet er. Er bemüht sich, wenigstens die Namen der Gattung bei einer jeden Pflanze zu bestimmen. . . . Er sammelt im Herbste so viele Samen, als ihm immer möglich ist . . . Ferner sammelt der Herr Candidat Mylius aller Orten, wo er sich befinden wird, Insekten, Muscheln, auch ganze Felle von raren Tieren, Vögeln und Fischen, ausgestopfte und getrocknete. Er macht von allen diesen Tieren Beschreibungen nach den Zähnen, den Füßen, den Zitzen, den Schnäbeln, den Flügeln, Farben und Muskeln . . . Er bemerkt ferner . . . Er unterläßt nicht . . . Er wird eine besondere Aufmerksamkeit . . ."

Ob Mylius selbst je geglaubt hat, er werde alle diese Erwartungen erfüllen, diesen Imperativen gehorchen? Ob ihm nicht, noch während er die ihm auferlegten Pflichten in den „Physikalischen Belustigungen" abdruckte, Bedenken gekommen sind, und Unlustgefühle? Vieles spricht dafür. Er hatte es nämlich gar nicht eilig, zur großen Reise aufzubrechen, und er benutzte die finanzielle Sorglosigkeit, nach dem Garderobeneinkauf, erst einmal zu ausgiebigem Wiedersehen mit den Leipziger Freunden. Deren Freude über den Besuch des mit soviel Geld- und Vertrauensvorschuß ausgestatteten Mylius war aber nicht ungeteilt: „So angenehm es seinen Freunden . . . war, ihn bei sich zu sehen, so wenig verhehlten sie ihm doch, daß es besser gewesen wäre, sich zuvor mit dem Herrn *von Haller* zu unterreden, der im Begriffe stand, Deutschland zu verlassen, und von ihm wirklich nicht mehr angetroffen ward", schreibt Professor *Kästner. Haller,* der gebürtige Berner, war nach fast zwanzigjähriger Arbeit an der Universität und Akademie von Göttingen im Frühjahr 1753 in seine Heimatstadt zurückgekehrt; daß Mylius die Chance nicht suchte, seinen Gönner, mit dem er zahlreiche Briefe gewechselt hatte, vor der großen

Mustergültige Ordnung in einer holländischen Buchhand-
lung, wie sie *Johannes Jelgerhuis* gemalt hat. Den Haag, wo
Mylius vor der Überfahrt nach London Station machte, war
einer der wichtigsten europäischen Druckorte. Auch *Kronprinz
Friedrich* ließ seinen „Antimachiavell" dort erscheinen, nach
der Thronbesteigung aber wieder aus dem Verkehr ziehen.

dreijährigen Fahrt persönlich kennenzulernen, wäre in der Tat verwunderlich, wenn die Motive sich nicht so leicht erkennen ließen: Scheu, schlechtes Gewissen (aus der Zeit des Leipziger Verrisses), die Befürchtung, allzu schmächtig zu erscheinen und jedenfalls nicht kompetent genug für die große Aufgabe, alles in allem die Angst, auf den mächtigen, strengen *Haller* keinen wirklich seriösen Eindruck zu machen.

Allmählich setzt sich Mylius dann in Richtung Westen und Welt in Bewegung, unternimmt eine Harzreise, besteigt den Brocken und macht dort ein paar lässige Messungen von Luftdruck und Temperatur, sucht den Hannoveranischen Kammerpräsidenten *von Münchhausen* auf, der ihm weitere Instruktionen und hundert Taler mit auf den Weg gibt, legt längere Aufenthalte in Hamburg und Bremen ein, wo er sich von den Gelehrten als angehender Weltreisender bewundern und traktieren läßt, nutzt die Gelegenheiten zu Schiffsausflügen auf Elbe und Weser und kommt am 8. Juli in Den Haag an, wo er Post vorfindet, Geld erwartet und sich wochenlang aufhält. Sicherheitshalber schickt er seinen Auftraggebern schon einmal Naturalien aus Holland. Am 22. August trifft er in London ein.

Aber was nur ein kurzer Zwischenaufenthalt sein sollte, wird für Mylius zur Endstation. London, der eigentliche Ausgangspunkt für die große Fahrt, ist auch ihr Schlußpunkt. „Anstatt aus London sofort nach Amerika abzugehen, forderte er wieder Geld, und erhielt nach verschiedenen in Hannover und anderswo gehobenen Summen von mir den 9. Oktober noch 200 Taler, so daß er nunmehr über 1500 Taler anstatt der ersten fürs Jahr 1753 versprochenen tausend empfangen hatte. Aber er ließ die Zeit verstreichen, und dies beträchtliche Geld zerging ihm wie Schnee. Dabei war Hr. Mylius entweder nicht gewohnt, das Geld mit derjenigen Sparsamkeit zu schonen, die seine Schranken erforderten, oder ältere Schulden beraubten ihn des nach Amerika bestimmten Vorrates, oder eine unzeitige Liebe, wie andere Freunde wissen wollen, entzog ihn dem

Albrecht von Haller (1708 bis 1777), einer der angesehensten Gelehrten seiner Zeit, Arzt, Botaniker und Dichter, war der Schirmherr über die Weltreise, die Christlob Mylius machen sollte. Und er bewahrte auch dem Scheiternden eine Art väterlicher Liebe.

Nachdenken über seine wahre Bestimmung. Er forderte noch 150 Pfund Sterling, wann er nach Amerika gehen sollte, verlangte von der königlichen Kammer in Hannover einen Vorschuß von 1000 Talern, die ihm der gütigste Minister nicht anders als abschlagen konnte, und geriet indessen täglich in tiefere Schulden . . ." So berichtet *Albrecht von Haller.*

London ist das größte und das letzte Ärgernis, das Mylius in seinem Leben gibt. Der eigenwillige Aufenthalt in der faszinierenden Stadt erregt Aufsehen nicht nur bei den Geldgebern, nicht nur in den gelehrten Kreisen, sondern fast überall in Europa. Sollte es sich bei dem Weltreisenden um einen Hochstapler handeln, bei der Forschungsexpedition um nichts anderes als ein Schwindelunternehmen? Mylius muß um seinen Ruf besorgt sein; er schreibt an *Kästner:* „Ohne Zweifel haben Sie geglaubt, ich befinde mich schon zwischen Europa und Amerika; aber ach! ich bin noch immer in England, noch den Christtag. Ich weiß, daß in Deutschland, wegen meines langen Aufenthaltes in Europa, viel Redens ist . . . Sie werden eher Mitleiden mit mir haben, als mich tadeln. Niemand kann sicherlich so eifrig wünschen, daß ich in Amerika sein möchte, als ich es wünsche, wovon Gott mein Zeuge ist. Ich muß, und ich will nach Amerika, sollte ich auch gerades Weges in Tod oder Elend rennen; das ganze Unglück, für die Beförderer meiner Reise, wird sein, daß sie die Frucht derselben etwas später sehen, als man vor einem Jahr voraussetzte."

Der Brief ist vom Weihnachtstag 1753: Mylius hat sich auf den Londoner Winter eingelassen, und das heißt auf mehrfache Mißhelligkeit. Selbst wenn er jetzt sogleich nach Amerika weiterwollte, er fände, wegen der Jahreszeit, kein Schiff. Das Wetter setzt seiner Gesundheit zu. Jeder weitere Tag des Aufenthalts macht seine Lage mißlicher: Nicht allein, daß er das Geld aufzehrt, das er noch hat; noch drastischer reduziert sich die Aussicht, weitere Mittel locker zu machen. Und ohne Unterstützung sitzt er in der Falle: er kann nicht vor und nicht zurück; ja, er kann nicht einmal mehr auf der Stelle bleiben. Im

Christian Friedrich Voß, nach dem später die „Vossische Zeitung" benannt wurde, brachte 1754 Mylius' letzte Arbeit heraus, eine Übersetzung von *Hogarths* „Analysis of Beauty".

Herbst hatte er noch, um *Haller* bei Laune zu halten, ihm eine längere Abhandlung geschickt, und seinem Freund *Lessing* ließ er Nachricht zukommen, daß er sich an die Übersetzung von *Hogarths* „Analysis of Beauty" gemacht habe. Solcher Arbeitseifer sollte die Gerüchte zerstreuen helfen, daß sein Aufenthalt in London nur Lotterleben und Müßiggang und Verschwendung sei. Wie hatte er doch vor seiner Abreise aus Berlin und Leipzig gelassen verkündet: Er habe nicht vor, „die Zahl der irrenden Ritter zu vermehren", er wolle sich im Gegenteil „das Vergnügen machen, eine und die andere angenehme Nachricht von meiner Reise" zu geben. Und jetzt, im Februar 1754, überfällt ihn eine Fieber-Krankheit, und mit ihr die Einsicht in seine verzweifelt gewordene Situation.

Am 22. Februar schreibt er einen flehenden, beschwörenden, zerknirschten Brief an *Albrecht von Haller.* Darin heißt es: „Sie scheinen die Protektion meiner Reise aufgegeben zu haben. Ich habe ja wirklich einiges falsch gemacht, aber mit Schaden wird man klug. Und Sie können versichert sein, Sir, daß ich, was die Zukunft angeht, meine Angelegenheiten so ordnen werde, daß Sie mit mir zufrieden sind. Geben Sie mir also, Sir, eine Gelegenheit, mich von der andern Seite zu zeigen, und Sie werden sagen: Mylius hat mir viel Ärger gemacht, aber er hat, was er begann, zu einem guten Ende geführt . . . Ich bitte Sie tausendmal, geben Sie mir eine positive Antwort, wenn ich nicht zur Verzweiflung getrieben werden soll. Wenn Sie mir helfen, wie ich hoffe, werden Sie sehen, wie umsichtig ich von nun an bin. Wenn Sie mich jetzt verlorengeben, bin ich für immer verloren. Aber Sie haben ein zu mitfühlendes Herz, als daß Sie mich in mein Unglück laufen lassen würden, da Sie doch die Macht haben, mich zu retten . . . Sie werden mein Engel sein, wenn Sie mir diesmal helfen . . ."

Und noch ein letzter Brief von Mylius ist erhalten, vom Tage darauf. Adressat ist der englische Biologe *Collinson,* der Londoner Koordinator für alle Einsendungen, die Mylius auf seiner Reise hätte machen sollen, und ein alter Freund *Hallers.*

Auch ihn beschwört Christlob Mylius nun, seinen Einfluß geltend zu machen und ihm aus der verzweifelten Lage herauszuhelfen. Der Kranke bittet *Collinson*, er solle *Haller* von seiner „äussersten Integrität bei der Verfolgung seines Ziels und bei der Verwendung des Geldes" überzeugen und ihn fragen, „ob er es zulasse, daß ein Mann zugrundegehe, der sein Leben für die Naturgeschichte aufs Spiel setzen werde, oder ob er nicht lieber eines Mannes Leben erhalten wolle, der mit der äussersten Sorgfalt die Natur erforschen werde"?

Es scheint, als ob *Collinson* von diesen Zeilen (oder ähnlichen vorhergehenden) beeindruckt worden ist. Der schreibt nämlich unter dem Datum des 22. Februar dringlich an *Haller,* es müsse jetzt etwas für Mylius, der „an der Pforte des Todes" gewesen sei, geschehen. Der Kaufmann, bei dem Mylius und seine Diener logierten, gebe sich vorerst mit einem Schuldschein zufrieden, und dringend erforderlich seien jetzt fünfzig Pfund, um die Überfahrt für Mylius und wenigstens einen Gehilfen zu bezahlen, denn ganz ohne Assistenz könne Mylius seinen Sammelauftrag nicht erfüllen. Und *Collinson* äußert die Zuversicht, daß Mylius, „wenn er nur erst auf den Weg gebracht ist, keine Anstrengung scheuen wird, sein Fehlverhalten wieder gutzumachen".

Aber Mylius ist nicht mehr zu retten. Er stirbt in London in der Nacht vom 6. auf den 7. März 1754. Und es behalten die Unkenrufe derer recht, die *Lessing* beim Abschied von Mylius leichthin verspottet hatte:
Wohin, wohin treibt dich mit blutgen Sporen,
Die Wißbegier, dich, ihren Held?
Du eilst, o Mylius! im Auge feiger Toren,
zur künftgen, nicht zur neuen Welt.

VI
Die schwierige Freiheit

So wie Mylius in seinem Leben geendet ist, ein rasch verschollener Candide, ein Schiffbrüchiger zu Lande; einer, der nicht haushalten konnte, weder mit Geld noch mit sich selbst; ein Mann voller Weltwollust aber ohne die Kraft, sie auszuleben: so kläglich soll er in diesem Buch nicht enden. Und der hätte diesen Lebensbericht falsch gelesen, der ihn nur als „The rake's progress", als Stationen eines Abstiegs „von Stufe zu Stufe" begriffe. Mylius war ein Genie in einem Land, in dem es für Genies noch keinen Raum gab, ja in einem Land, das es selbst nicht gab. Er besaß einen luziden Witz, der noch kein anderes Vehikel fand als die trüben Intrigen des Leipziger Gottsched-Kultes, noch kein anderes Forum als die zur Besserwisserei erstarrte deutsche Frühaufklärung. Sein kritisches Temperament — da ihm keine wirkende Substanz zur Verfügung stand — verpuffte in bloßen Skandalen. Aber die Eklats, die zu seinem Lebenslauf gehören, haben zu tun mit jeglicher Dramaturgie des Ruhms, und sie bezeugen eine in Deutschland auch heute noch seltene Courage. Ärgernis stiften — diese Tugend ist immer noch ungeübt, und sie wäre wichtiger als manche Formvollendung. Christlob Mylius hat das Schwerste versucht, das man im Deutschland des 18. Jahrhunderts unternehmen konnte, das auch heute noch kaum jemandem gelingt: Er hat versucht, frei zu leben. Eines seiner Gedichte endet so:
Von nun an will ich mich erheben,
Beglückter als Monarchen leben

Und ohne Zwang mein König sein.
Der niedern Torheit will ich spotten,
Wenn ihrer Sklaven freche Rotten
Verzweifelnd Gift und Feuer spein.
Frei will ich reden, tun und denken;
Die Freiheit lohn mit Glück und Ruh.
Laßt einen Sturz die Welt versenken:
Wer frei ist, sieht's und lacht dazu.

Aus dem Werk von Christlob Mylius

Kritisches

Gedanken von erträglichen Kornpreisen

Untersuchung: Ob es möglich und vorteilhaft ist, daß ein Landesherr das Korn immer in erträglichem Preise erhalte, und wie derselbe beschaffen sein müsse?

Ich werfe hier drei Fragen über den Kornpreis auf, welche ich nacheinander beantworten will, wenn ich zuvor erinnert habe, daß ich eigentlich nur von dem Brotkorn, dem Roggen, als dem notwendigsten zur menschlichen Nahrung, rede. Denn wer kein Bier und keine Semmel bezahlen kann, der trinkt Wasser und ißt Brot von Roggen . . .

Die erste Frage ist demnach diese: Ob es möglich sei, daß ein Landesherr das Korn immer in erträglichem Preise erhalte? Ich antworte ohne Bedenken, ja; ob es gleich unmöglich scheinet: indem ja weltliche Regenten Unglücksfälle und Mißwachs nicht verhindern, noch vielweniger Gott trotzen können. Denn die Möglichkeit hat Joseph in Ägypten schon längst bewiesen. Man folge diesem großen Finanzier und Haushalter: so ist es geschehen. Es wechseln immer schlechte und gute Jahre; ja der guten sind immer mehr, als der schlechten. Wie auf der See mehr Schiffe ankommen, als verunglücken, welches der Grund der Assecuranz ist. Man wirtschafte in den guten Jahren weislich: so wird man die schlechten so sehr nicht scheuen dürfen. Worin wird denn die weisliche Wirtschaft bestehen müssen? Darin, daß ein Regent in allen Provinzen Vorratshäuser und hinlängliche Kornmagazine anlege, in den wohlfeilen Jahren stark aufkaufe, und das aufgekaufte Korn entweder ausschütte, oder mahlen, und das Mehl einstampfen lasse, daß er es bei Anhaltung der wohlfeilen Zeit vor Würmern oder Verderben zu bewahren suche, wowider man Mittel genug angegeben hat, oder mit frischem Korne verwechsele, oder ausfahre; in den schlechteren Jahren aber es seinen Untertanen für einen leidlichen Preis wieder überlasse. Dadurch kann man die allzu wohlfeile und allzu teure Zeit verhüten, davon sogleich mehr. Noch leichter wird es ihm, wenn er ein weitläuftiges Land, das aus allerlei Ländereien, aus schwarzen, sandigen, feuchten, hohen und bergichten Acker bestehet, und überdem Schifffahrten hat, sollte es auch nur auf Flüssen sein, wodurch der Überfluß des einen den Mangel des andern ersetzen kann. Indem doch der Mißwachs sich selten überall ausbreitet. Daß man ein kornreiches Land der Nachbarn bald sperret, bald wieder eröffnet, ist etwas, und hat seine Gründe. Aber bei obberegter Wirtschaft wird beides nicht nötig sein, sondern Handel und Wandel, die vortrefflichen Geldquellen werden freien Lauf haben können.

Die zweite Frage ist: Wie müßte der Preis beschaffen sein? Ich antworte: Wenn er sich immer zwischen 16 gr. und 1 Rthl. für einen Berlinischen Scheffel hält; so kann ein jeder, Bauer, Bürger, Pächter, Edelmann, dabei vergnügt bleiben. Der Arme kann das verdienen und aufbringen, der Reiche gehet dabei nicht zu Grunde, und dem Landesherrn fällt es nicht zu schwer, die Preise in den Graden zu halten, weil dieses, als das Mittel oder die Mittelstraße, auch hier die gewöhnlichste ist, so Gott selbst zu erhalten pflegt, und welche öfter und mehrmalen eine schlechte Wirtschaft oder der Eigennutz der Wucherer, als die Natur und Notwendigkeit, verrücken. Mißwachs gehöret zu den Landplagen, das leugne ich nicht: aber öfters rühret er nicht von außerordentlichen, sondern von natürlichen Begebenheiten her, welche Gott durch Wunder zu hemmen nicht für nötig befindet. Er überläßt es aber den Menschen, gibt ihnen auch Klugheit und Mittel genug in die Hände, daß sie sich das Unglück erträglich machen, und es sich nicht durch

Unverstand und Trägheit zur Landplage werden lassen. Und auch diese kann, darf und muß der Mensch sich erträglicher machen, damit er nicht untergehen oder auf außerordentliche Hülfe hoffen und warten dürfe.

Die dritte Frage ist: Was hat dieses für einen Nutzen? Einen großen, und zwar 1) für den Fürsten. Dieser könnte schon zufrieden sein, wenn er sein Land und seine Untertanen in erträglichen Umständen stets unterhielte. Denn also beweiset er sich als einen Landesvater, dem seine Kinder von Gott einen reichen Segen, und die beste Vergeltung erbitten helfen. Und wenn er reich ist, und Gelder im Schatze liegen hat: so tut er besser, daß er die Gabe Gottes nicht müßig liegen, sondern zum Nutzen der Untertanen immer wandern lässet. Es bleibt ihm doch gewiß, er habe es bar oder im Korne. Doch hat er allemal davon einen Vorteil. Ist keine Teurung, so isset und verzehret mancher mehr, und der Regent bekommt mehr in die Accise und andere Cassen. Ja er kann wiederum mit Vorteil verkaufen, damit er die Zinsen, den Abgang, den das Ungeziefer und andere Dinge verursachen, die Bau- und Verpflegungskosten derer, die sich damit beschäftigen, erhalte. Ein mäßiger Profit vom Wispel drücket einzelne Leute nicht, und trägt doch in der Summe sehr viel. Haben andere Prinzen mit Vorteil allerlei Handlung getrieben: so wäre dieser Handel der beste, vorteilhafteste und rühmlichste. Wenn ein anderer Landesherr sich die Summe seiner Untertanen jährlich geben lässet: so kann er auch leicht einen Überschlag machen lassen, und wissen, auf wie viel Korn er sich schicken müsse, wenn er ein Versorger seiner Kinder sein will.

Mein Vorschlag ist 2) für die Pächter, Eigentümer und Landleute nützlich. Sie lösen so viel, als sie nötig haben. Es scheinet zwar für sie vorteilhafter, wenn es teurer ist, und sie 50 oder mehr Taler aus einem Wispel* lösen können: allein es scheinet nur so. Denn a) müssen sie als Christen nicht allein

*Wispel = altes Getreidemaß, ca. 14 Hektoliter.

und nicht sowohl auf ihren, sondern auch, und das vornehmlich, auf den Vorteil des Nächsten und des größten Haufens sehen. b) Sie können mehr Vieh halten, es kostet ihnen nicht so viel, und frißt bei dem teuren Korne nicht so viel auf. c) Haben sie in den wohlfeilern Jahren, deren durch Gottes Gnade die mehresten sind, eine größere Menge in ziemlichem Preise zu verkaufen, welches mehr trägt und angenehmer ist. d) Steigen alsdann auch andere Notwendigkeiten nicht so hoch, als in den teuren Zeiten, da man sich gleich nach dem Kornpreise richtet, folglich man auf eine andere Weise an vielen Orten das wieder aufgeben muß, was man aus dem Korne mehr gelöset hat. e) Das allgemeine Beste hänget auch nicht von dem Reichtume einiger wenigen ab: das Gute muß allgemeiner sein, wenn die Glückseligkeit und Zufriedenheit in einem Lande wohnen und herrschen soll.

Mein Vorschlag ist 3) für Stadtleute nützlich. Sie haben Verdienst, können leben, und dürfen nicht klagen, daß in den Städten alles steige oder selten werde. Denn der Landmann läßt sich, wenn das Korn nichts gilt, für andere Dinge, Vieh, Obst und dergleichen mehr Geld geben, damit er entweder selbst wohllebe und sage, weil es nichts gölte, wolle er es lieber selbst verzehren; oder auf eine andere Weise Geld löse. Er bringt kein Geld zu Markte, weil es ihm daran fehlet. Also hat der Bürger in den teuren Zeiten so wenig Vorteil, als in den ganz wohlfeilen, und muß sich noch dazu bei den letzten Umständen, mit faulen und ungehorsamen Bedienten plagen.

Mein Vorschlag ist endlich 4) für die Armen ganz nützlich, welches sie sich selbst nicht einbilden werden. Sie dürfen nämlich in den teuren Zeiten nicht hungern, seufzen, klagen, und in den ganz wohlfeilen haben sie keine Versuchung, faul, träge, müßig, verwegen zu werden, noch andern ihre Dienste zu versagen, oder ihre Arbeit höher zu schätzen. Man weiß, wie man in den wohlfeilsten Zeiten kein Gesinde, das was taugt, keine Arbeitsleute oder Tagelöhner bekommen und behalten kann. Die Ursache und ihre Gedanken sind offenbar.

Die sind andern und ihnen selbst schädlich: dagegen ist es vorteilhaft, wenn sie als nachteilige Vergehungen verhütet werden können.

Das wäre also eine der besten, nützlichsten und rühmlichsten Beschäftigungen und Einrichtungen eines Landesherrn. Setzte er dabei den Vorschlag ins Werk, wie man sich einander eine Landplage ganz erträglich machen könne, den man in den Berlinischen wöchentlichen gedruckten Berichten des 49sten Jahres lieset, und fast eine solche Einrichtung erfordert, als bei der Feuercasse in den märkischen Landen ist; so machte er die Glückseligkeit aller seiner Untertanen noch dauerhafter und größer. Könnte er sich denn selber nicht mehr helfen: so würde er bei andern, den Nachbarn, zumal wenn sie gesegnet zu sein pflegen, wie z. B. Mecklenburg, Polen, Böhmen, Beistand finden. Gott würde ein solches Unternehmen segnen, als der es wohl leiden kann, daß man sich die Zufälle dieser Welt erträglich mache, wenn man nur seiner dabei nicht vergißt, nicht übermütig wird, und sich nicht auf sich selbst verläßt, sondern alles zu seiner Ehre und des Nächsten wahrem Besten wendet. Menschen aber werden es loben, und zum Ruhme des Erfinders und ersten Beförderers nachfolgen.

Der

Naturforscher,

eine

physikalische Wochenschrift

auf die

Jahre 1747 und 1748.

Mit Kupfern.

Nebst vollständigen Registern

Leipzig,
bey Johann Gottlieb Crull,

Eine von Mylius' vielen Zeitschriften.

Lob der Muttersprache

... Es ist dem Menschen natürlich, dasjenige, was ihn am nächsten angehet, was ihn vollkommner macht, und ihm den Weg bahnt, seinen Verstand mit Begriffen und Bildern anzufüllen, und seine ganze Sekte zu bessern, zu lieben und hochzuschätzen. Aus diesem Grunde verdiente die Muttersprache eines jeden Volkes die größte Hochachtung. Sie ist unsre gemeine Wohltäterin. Wenn Cartesius recht hat, daß die Sprache ein Kennzeichen vernünftiger Geschöpfe sei, welches sie von den Tieren unterscheide, so muß man solches von der Muttersprache rühmen. In unsern zartesten Jahren ist sie unsere Lehrmeisterin gewesen: sie hat uns unterrichtet und den ersten Samen zu aller Erkenntnis in uns ausgestreuet. Wir wurden durch dieselbe geschickt, weil es doch unsern eingeschränkten Kräften nicht möglich ist, ohne Zeichen die Sachen selbst zu erkennen, das Wahre von dem Falschen abzusondern, und unsre Gedanken andern mitzuteilen. Ohne dieselbe würden wir untüchtig gewesen sein, uns mit den freien Künsten und Wissenschaften in einen vertraulichen Umgang einzulassen; welcher doch sowohl zur gemeinen Wohlfahrt, als seiner eigenen Glückseligkeit unentbehrlich ist. Selbst diejenigen, welche das süßeste Vergnügen an fremden Sprachen finden, würden ohne ihre Landessprache nicht im Stande gewesen sein, sie zu erkennen ...

Wenn jemand auch den Vorzug seiner Sprache, wegen der Menge der Wörter und Redensarten vor unsrer erwiese, daß wir ihm denselben, von der Wahrheit gezwungen, einräumen müßten, so sollte uns dieses keineswegs zur Verachtung derselben anreizen: vielmehr sollte sich unser patriotischer Eifer anflammen, unsre Sprache eben so schön, so lieblich und nachdrücklich zu machen, als die fremde wäre. Es ist an dem, wir haben auch einen natürlichen Trieb, fremde Dinge, wenn sie vollkommen sind, hochzuschätzen; allein er kann mit dem andern, welcher uns anreizet, das, was uns eigen ist oder uns näher angeht, zu lieben, in der freundlichsten Verbindung stehen. Zwar möchten uns die Verehrer der fremden Sprachen entgegen setzen, daß man die Künste und Wissenschaften meistenteils in seiner Muttersprache nicht abgehandelt fände, oder wenn auch einige Bücher von denselben darinnen geschrieben wären, so sähen doch die schönen Wissenschaften anmutiger und reizender in den Sprachen fremder Völker aus. Wir können ihnen hier, ohne unsre Meinung fahren zu lassen, daß sie die Natur verleugnen, alles zugestatten, was sie haben wollen. Selbst ihr Einwurf macht sie in den Augen der patriotisch-gesinnten verächtlicher und tadelhafter. Leugnen wir denn, daß wir in den Künsten und Wissenschaften nicht vieles aus den Schriften, die in fremden Sprachen erschienen sind, erborgen müssen? Wie viel hat man nicht den Griechen und Lateinern zu verdanken? Sie sind uns in den Künsten und Wissenschaften so treulich vorgegangen, daß uns ihre Schriften Muster sein können, wie wir die Wahrheiten in unsrer Sprache vortragen müssen. Man gesteht es auch zu, daß die vernünftigsten unter den einheimischen Schriftstellern ihre Sachen größtenteils von ihnen entlehnet, wiewohl ihre Geschicklichkeit die entlehnten Sachen vielmals verschönert und mit einem größern Glanze ausgezieret hat, daß sie daher ihnen eigen geworden sind. Und solches zu tun, wäre die Pflicht derjenigen, die den Mut haben, ihrer Muttersprache einen so schimpflichen Vorwurf zu machen. Wenn sie einige Liebe zur Ehre ihres Vaterlandes in sich empfänden, so würden sie sich mit dem rühmlichsten Eifer angelegen sein lassen, ihre Muttersprache durch den Vorrat der andern zu bereichern, und sie durch entlehnten Schmuck reizender zu machen, damit die Künste und

Wissenschaften nicht erröten dürften, sich darinnen sehen zu lassen. Ein solcher Diebstahl, wenn man ihn mit einigem Rechte einen Diebstahl nennen darf, ist rühmlich, und hat allen Völkern zu allen Zeiten Ehre gebracht. Was die abgelebten Sprachen und die Schriften, die in denselben abgefasset worden sind, betrifft, so kann man sie als eine reiche Erbschaft ansehen, zu welcher keine Freunde und Anverwandten mehr vorhanden sind: jeder Fremde, welcher sich durch ein ruhmwürdiges Bezeigen hervortut, hat das Recht einen Teil derselben sich anzumaßen. Gesetzt aber, daß solches nicht wäre, so ist es doch mit den Wahrheiten und den Wissenschaften nicht wie mit den Gütern im gemeinen Leben beschaffen, sondern es verhält sich mit ihnen wie mit den Brunnen und Flüssen, jeder darf aus denselben schöpfen und trinken, sie mögen sich befinden, wo sie wollen. Da hiedurch die Bemühungen derjenigen, die ihre Muttersprache aus den Schriften fremder Völker verbessern wollen, gerechtfertigt werden, so erkennet man daraus leicht, wie verwerflich diejenigen sind, die eine Kenntnis von dem Mangel ihrer Sprache haben und demselben abzuhelfen sich nicht bestreben. So gelehrt und verständig sie sonst sein mögen, so sind mir dennoch diejenigen werter, welche auch nur auf die geringste Weise die Muttersprache zu erheben und hervorzuziehen suchen. Aus dieser Ursache verdienen patriotische Übersetzer, wenn sie auch fehlen sollten, dennoch ein größeres Lob, als die größten Lateiner und Griechen, deren Gelehrsamkeit ein verborgener Schatz ist, der zur Ehre des Vaterlandes nichts beiträgt. Frankreich ist seinem Amiot größern Dank schuldig, als dem berühmten Turnebus, Scaliger, Salmasius, und vielen andern lateinischen Criticis und Philologis. Also ist diesen Verächtern der Muttersprache begegnet worden: doch es gibt noch einige, welche sich von den Schönheiten und Reizungen fremder Sprachen so haben hinreißen lassen, daß sie sich einbilden: es sei nicht allezeit möglich, die Künste und Wissenschaften in der Muttersprache vorzutragen, daß ihnen nichts entginge, indem nicht jederzeit die Zeichen zu den Sachen vorhanden wären. Wenn ein Volk nicht in der gröbsten Rauhigkeit lebet; wenn ihm nicht noch alles, was mit den Künsten und Wissenschaften verwandt ist, fremd und unbekannt ist, so hat solches unmöglich statt; denn die griechische und lateinische Sprache ist nicht fähiger zum Vortrage der Wissenschaften gewesen, als die Sprache eines jeden Volkes. Unterdessen ist es an dem, es kann kommen, daß man einen Gedanken in dieser Sprache nicht auszudrücken vermögend ist, den man doch in einer andern Sprache zu verstehen geben kann: allein ist es nicht mit der Zeit möglich, einen Ausdruck zu demselben zu erfinden? Nur alsdann wird es ganz unmöglich sein, wenn hinter gewissen Worten keine Gedanken sind, wie der große Leibniz an einem Orte bedächtig anmerket, es sei gemeiniglich ein sicheres Kennzeichen, daß man gewissen barbarischen Kunstwörtern der Scholastiker nichts gedenke, wenn sie sich nicht in die deutsche Sprache übertragen ließen.

Wenn diejenigen, welche der Muttersprache ihre Hochachtung entreißen, wahrhafte Gelehrte sind, deren Erkenntnis nicht in bloßen Worten bestehet, noch ein vergrabner Schatz, sondern dem gemeinen Wesen nützlich sein soll; so mögen sie mir doch auf die Frage antworten, welche Sprachen am meisten hochzuschätzen und zu erheben sind. Diejenigen, in welchen man seine rühmlichen Absichten schwer, und niemals ohne Furcht eines Irrtums erhalten kann, oder diejenige, die uns auf das leichteste zu unserm Zwecke kommen läßt, und uns zugleich vor allem Irrtum bewahret? Man müßte die Vernunft verleugnet haben, wenn man der letztern nicht den Vorzug vor der andern zugestehen wollte. Die Absichten, zu deren Erlangung die Sprache vorhanden ist, können aber nirgends besser als in der Muttersprache erhalten werden: nur ihr ist es jederzeit eigen, daß wir die wahren Begriffe mit den Wörtern verbinden können, ohne dazu durch viele Mühe und Fleiß zu gelangen, die an derselben eigentlich hängen, oder uns deutlicher zu erklären, so zu gedenken, wie es die Wörter mit sich bringen. Bloß von unsrer Muttersprache können wir versichert sein, daß in unsern Landsleuten bei unsern Worten, wenn wir sie nicht verkehren, sondern in der Bedeutung nehmen, wie sie alle Welt nimmt, eben die Gedanken und Begriffe werden hervorgebracht werden, welche wir bei ihnen gedacht haben. Daher ist es leichter, die Wissenschaften zu fassen, wenn sie in der Muttersprache vorgetragen werden. Wir können in denselben viel weiter fortgehen, indem wir, was die Sprache btrifft, keinen Anstoß zu vermuten haben. Warum sollten wir auch von einem so vorteilhaften Wege weichen, da uns das Exempel aller vernünftigen und klugen Völker unter der Sonne anmahnt, auf demselben fortzuwandeln. Die Griechen und Lateiner, welche von uns so bewundert werden, liefen eben die Bahn, und sind darauf nicht nur zu ihren Absichten, sondern auch zum größten Ruhme gelanget. Wenn man aber in den abgelebten Sprachen alles schreiben wollte, die allerdings ihrer Schönheit und Vortrefflichkeit wegen verdienen hochgehalten zu werden, so würde solches mit den größten Schwierigkeiten verknüpfet sein. Wir schweben ja im Erkenntnisse der Schriftsteller selbst noch in großer Ungewißheit. Wie viel zweifelhafte Worte kommen in denselben vor! Können wir außer Gefahr sein, ob unsre Begriffe, die wir bei ihnen bekommen, mit den Begriffen des Schriftstellers, die er dabei gehabt, allezeit übereinstimmen, und ob unsere Leser, wenn wir in solchen auswärtigen Sprachen schreiben, und uns daher ihrer bedienen müssen, eben das dabei denken würden, was wir dabei gedacht haben? Wie viel Wörterbücherschreiber, wie viel Ausleger und Dolmetscher haben wir nicht über die Griechen und Lateiner: keiner ist vollkommen: wenn sie den Sinn derselben am besten getroffen zu haben vermeinen, so kommen immer andere und zeigen, daß sie dennoch geirrt haben. Denn daß wir uns noch deutlicher herauslassen, so finden wir bei ihnen Wörter, welche so verschieden an Bedeutungen sind, als die Tigertiere an Flecken: und viele, welche, außer den bekannten und unbekannten Bedeutungen noch besondere Begriffe, die man sich nach dem eigentlichen Werte der Worte fast nicht vermuten sollte, wenn uns ihre eignen Schriftsteller nicht noch Nachricht davon gegeben hätten, in sich fassen. Wie kann man also gesichert sein, daß, wenn man seine Gedanken in einer solchen Sprache zu erkennen geben will, darüber keine Irrtümer, oder kein Mißverstand entstehen werde? Dieses ist noch nicht genug: wenn auch die

Wörter zu einer Zeit bestimmt gewesen sind, so haben doch die nachfolgenden Jahrhunderte oft andere Bedeutungen eingeführet. Es geht mit den Wörtern, wie mit den Münzen in Frankreich, welche immer nach dem Ableben ihres Königs wieder umgepräget werden. Noch andere sind in den vorigen, und auch in den neuern Zeiten so mißhandelt und so übel gebraucht worden, daß man itzo ganz andre Sachen, als ehmals, damit ausdrücket, indem die erste und echte Bedeutung ganz verloren gegangen zu sein scheint.

Wir übergehen jetzt mit Stillschweigen, daß bei dem Wachstume der Künste und Wissenschaften auch neue Zeichen zu den neuen Gedanken haben erfunden werden müssen: daher die Bedeutung der alten Wörter vielmals ganz verwandelt worden ist, weswegen es auch höchst schwer ist, ihre Bedeutungen völlig zu bestimmen. Alles dieses kann erweisen, wie thöricht diejenigen handeln, die die fremden und abgelebten Sprachen ihrer Muttersprache vorziehen, wenn es anders unweise gehandelt ist, sich ohne Ursache in unendliche Schwierigkeiten zu stürzen, und um löbliche Endzwecke zu erreichen, einen Weg zu betreten, welcher am wenigsten zu ihnen führet. Wenn in der Muttersprache Künste und Wissenschaften gelehret werden, so müssen notwendig die Begriffe davon uns leichter, deutlicher und verständlicher sein, weil wir nicht erst die Sprache lernen dürfen, um die Schriften davon lesen zu können. Wenn die größten Gelehrten in den vorigen Jahrhunderten solches getan hätten, so wären unzählige Streitigkeiten, Schmähungen und Verkleinerungen nichtswürdiger Dinge wegen vermieden worden. Die größten Lateiner haben einander wechselweise Schnitzer vorgeworfen: Man hat sie niemals vereiniget gesehen; und was das meiste ist, so sind sie über solche Kleinigkeiten mit einem tödlichen Hasse gegen einander ergrimmt worden. Wie hart hat Scaliger, dessen unerträglicher Hochmut seinen Gaben gleichet, seine Mitgelehrten angelassen: den Scribanius heißt er einen ungeschliffenen Kerl, den Heinsius, Hotomann und Lipsius abgeschmackte Leute und Idioten, und Taubmannen gar einen Narren: Parens ward von ihm so mißhandelt, daß er im Zorne gesagt: *credo omnino diabolum fuisse auctorem Critices:* „Der Teufel müßte der Erfinder der Critik gewesen sein". So stark unser G. R. Heineccius im Latein war, so hat man ihm doch jüngsthin Fehler auf eine sehr sinnreiche Art zeigen wollen. Alles dieses ist nicht so leicht zu besorgen, wenn man sich bemühet in seiner Muttersprache schön zu schreiben: tausend Schwierigkeiten fallen hinweg: wir dürfen uns nicht mit den verschiedenen Bedeutungen martern: und was uns in fremden Sprachen als ein finsterer Rauch vorkömmt, das ist in unsrer Muttersprache ein hellscheinendes Licht. Geben nicht alle diese Vorteile der Muttersprache vor auswärtigen Mundarten den Vorzug? Verdient sie nicht allen Ruhm und alle Hochachtung? Sollten daher nicht alle Schriftsteller, die der Republik nützen wollen, in derselben schreiben? Ist es nicht ein größrer Ruhm, in der Sprache des Landes schön und vortrefflich, als in einer fremden erträglich zu sein, da es fast ganz unmöglich ist, in derselben vollkommen zu werden.

Den Verstand so selbstverständlich wie ein Werkzeug gebrauchen lernen – das war eine der Grundforderungen der Aufklärung. Die Graphik stammt aus der berühmten Enzyklopädie *Diderots* (und anderer), die 17 Text- und 11 Bildbände umfaßte.

Exkurs über Bildungschancen

Ein neugeborener Mensch hat von allem dem, was ihn von den Tieren unterscheidet, nichts, als die Fähigkeit dazu, und um einen Menschen vorzustellen, muß man erst lernen, ein Mensch zu sein. Dasjenige Menschliche, was zu unserer Unterhaltung gehöret, wird uns am ersten beigebracht; z. B. dieses, daß wir nur auf den Hinterfüßen gehen, die Förderfüße aber als Hände gebrauchen. Nach und nach lernen wir mehr menschliche Handlungen ausüben; je weniger Einsicht und Geschmack aber in dem Hause, oder in dem ganzen Lande, wo wir geboren werden, herrschen, desto weniger entfernen sich auch alle unsere Handlungen, Begriffe und Gedanken von der tierischen Notwendigkeit unserer Unterhaltung. Ein Bauer bringt seinem Sohne so viel bei, daß er durch seiner Hände Arbeit sich und die Seinigen ernähren kann: ein gelehrter und vornehmer Mann hingegen, und welcher zugleich so vernünftig ist, zu glauben, daß man ißt, damit man lebe, und nicht umgekehrt, wird seine Kinder in Wissenschaften und Künsten unterrichten lassen, wovon sie nicht den zehnten Teil zu ihrer Unterhaltung nötig haben. Ist aber deswegen der Bauernsohn weniger geschickt, gelehrt zu werden, als diese? Man gebe ihm Muster, Gelegenheit und Lehrer, so wird er eben so viel Gelehrte und Vornehme an Witz und Verstand übertreffen können, als so viele von diesen sich besser hinter den Pflug, als unter die Bücher schicken. Kurz, der Unterschied der Gemütsgaben findet nur bei einzelnen Personen, nicht aber bei ganzen Ständen, noch weniger bei ganzen Ländern und Erdstrichen, statt.

Da diejenigen, die dieses leugnen, aus der Vernunft keine Gründe anführen können; indem wir das Wesen des Geistes allzuwenig kennen, als daß wir die Wirkungen der Hitze und Kälte auf denselben sollten bestimmen können: so wollen wir hören, was sie uns aus der Erfahrung erzählen. Doch wir werden finden, daß ihre Erfahrungen wider sie selbst sind.

Man sagt, warum zeugt Lappland keine witzigen Köpfe? Warum findet man bei den Polarzirkeln und um die Linie keine Homere, Virgile, Ciceronen, Corneillen, Racinen, Hallers, Voltairen? Keine Newtons, Leibnize, Eulers, Cassini, Reaumure? Keine Angelos, keine Carrache, keine Adams, keine Graune? Und warum bleiben die Hottentotten Hottentotten? Meines Erachtens sind an allen diesen Orten eben so große Geister verborgen, als an andern Orten aus der Finsternis so zu sagen hervorgezogen worden. Ist ein mit seiner groben Mutter noch umgebener Diamant in den Brasilianischen Diamantgruben weniger ein Diamant, als derjenige, welcher ehedem eben so unansehnlich gewesen, itzo aber, da er geschliffen und polieret worden, an der Brust des Königs in Portugal blitzet? Man sondere von einer Nation das Rauhe ab, so wird man das Schöne ihres Geistes ebenfalls entdecken. Viele Völker bewohnen solche rauhe Länder, wo sie Zeit Lebens nichts tun und denken können, als was zu ihrem Unterhalte nötig ist. Manches Volk würde viel weniger wild sein, wenn es nicht, um sich des Hungers zu erwehren, den ganzen Tag fischen und jagen müßte. Vielen andern Ländern ist noch nicht Gelegenheit gegeben worden, die Fähigkeiten zu versuchen: ohne solche Gelegenheiten aber würden ja die allergesittetsten Länder Barbaren sein. Nur sehr wenige Menschen sind von sich selbst darauf gefallen, ihre Verstandeskräfte zu gebrauchen, und ohne Aufmunterung und Gelegenheit dazu ist es dennoch allemal sehr langsam zugegangen.

Was herrschte nicht in einem der gelehrtesten und witzigsten Länder von Europa, was herrschte nicht in Frankreich vor Ludwig des XIV. Zeiten für eine Barbarei? Eine Barbarei, welche selbst einer der witzigsten Köpfe dieses Landes in seinem Jahrhunderte Ludwigs des XIV. nicht häßlich genug abzuschildern weiß. Warum? Es fehlte damals noch dem in den Einwohnern dieses Landes verborgen liegenden Samen der Gelehrsamkeit und Scharfsinnigkeit an der nötigen Pflegung, welche erst in dem gedachten Jahrhunderte erfolgte. Einige fähige und witzige Köpfe versuchten ihre Kräfte, welche ihren Fähigkeiten noch lange nicht beikamen. Ihre Proben wurden gelesen, gelobt, und belohnt. Sie verdoppelten ihre Kräfte; es fanden sich Nacheiferer; auf alle Versuche folgten Belohnungen, und diese brachten in kurzer Zeit diejenige Menge von Meisterstücken hervor, welche noch bewundert werden, und welche man stets bewundern wird. Kömmt es nun auf den Grad der Breite an, unter welchem Frankreich liegt, daß Frankreich so viel witzige und gelehrte Männer gezeugt hat, oder rührt es von der Regierung Ludwig des XIV. her?

Es gereicht meinem Vaterlande gar nicht zur Ehre, daß ich es nicht, anstatt Frankreich, zum Exempel habe anführen können. Zwar müssen auch unparteiische Ausländer gestehen, daß Deutschland in allen Künsten und Wissenschaften die größten Männer hervorgebracht: aber auch selbst meine unparteiischen Landsleute können nicht leugnen, daß es in unserm Vaterlande mit dem Wachstum der Wissenschaften und Künste viel langsamer hergeht, als in Frankreich. Es fehlt an Aufmunterung; und wo diese auch zu sein scheinet, da ist sie gemeiniglich so beschaffen, daß sie mehr den Mut der Deutschen niederschlägt, als anfeuert. Aber welch eine Ehre ist es nicht für mein Vaterland, daß es gleichwohl noch mit so manchem großen Geiste, und mit so vielen wichtigen Erfindungen und vortrefflichen Schriften prangen kann, obgleich weit mehr der Trieb zur Ehre, als der Eigennutz, Gelegenheit dazu gegeben!

Der Unterschied der Erdgegend zwischen Deutschland und Frankreich ist übrigens so gering, daß es, wenn auch sonst darauf etwas ankäme, dennoch hier lächerlich sein würde, wenn man im Ernste daraus schließen wollte, daß die Fähigkeiten der Deutschen weit unter die Fähigkeiten der Franzosen zu setzen wären. Liegt nicht der meiste Teil von Frankreich und Deutschland unter einerlei Polhöhe, und müßte nicht, wenn diese einen Einfluß in die Gemütskräfte hätte, Spanien, welches fast gänzlich einerlei Lage mit Frankreich hat, eben so viel witzige und gelehrte Männer zeugen, als Frankreich? Aber die Erfahrung widerspricht, und der Grund davon liegt bloß in der heiligen Einfalt und gewinnsüchtigen Tyrannei der Spanischen Geistlichkeit. Überhaupt ist es ja wohl viel rühmlicher für ein Land, zu sagen, daß es den Flor der Wissenschaften und Künste einem edlen Triebe zur Ehre und der Aufmunterung weiser und mächtiger Kenner, als daß es ihn seiner ohngefähren Lage, wozu die Einwohner gar nichts beitragen, zu danken hat.

Aber wenn denn nun ja bei Bestimmung der Gaben des Geistes etwas auf die Lage des Landes ankommen soll, welches ist denn diese Lage? Wie hoch muß das Thermometer in einem Lande steigen, welches an witzigen Köpfen und gelehrten Männern am fruchtbarsten sein soll? In welchem Lande hat man diese Luftbeschaffenheit bestimmt? In Frankreich? in Italien? oder in Ägypten? Der Unterschied dieser drei Erdstriche ist so merklich, daß man der Luft alle Wirkung in die inneren Fähigkeiten des menschlichen Verstandes versagen muß, wenn man sich erinnert, daß Italien ehedem in dem alten Rom solche großen Geister gezeugt, als Frankreich schwerlich vorzeigen kann, und daß in noch viel ältern Zeiten in Ägypten die Künste und die Naturwissenschaft zu einer solchen Höhe gestiegen, welche wir alle noch itzo nur bewundern, aber nicht erreichen können.

Wo ist aber itzo die Ägyptische Gelehrsamkeit? Hat sich die Erde aus ihren Angeln verrückt, daß die Sonne nicht mehr diejenige Wirkung auf die itzigen Einwohner von Ägypten tut, wie vor drei tausend Jahren? Durch was für ein Wunderwerk ist es möglich, daß in so langer Zeit kein einziger Gelehrter mehr in Ägypten aufgestanden? und daß man die Ägyptische Luft, obgleich nicht Pyramiden und Obelisken, dennoch aber auch nicht ein Haus hervorbringen sieht, welches ein Zeugnis von dem Witze und der Kunst der dortigen Einwohner ablegte? Doch wer ist so blöde, daß er den Grund davon nicht in der veränderten Regierungsform sehen sollte? Seitdem Ägypten keine eigenen Könige mehr hat, seitdem es in die Sklaverei der Römer und hernach gar barbarischer Saracenen geraten, ist alle Kunst und Wissenschaft von da mit denen verschwunden, welche sie in die Höhe gebracht und unterhalten hatten.

Ein gleiches Schicksal hat das sonst so berühmte Griechenland betroffen. In dem Lande, das einen Orpheus gezeuget, welcher seine Thracier aus Tieren zu Menschen machte, ist itzo der Sitz desjenigen Monarchen, dessen Reich durch Unwissenheit gegründet worden und noch gestützet wird. Das Land, welches einen Homer hervorgebracht, in welchem ein Alexander die Bemühungen des Aristoteles für die Wissenschaften so mächtig beförderte; das Land, wo selbst Rom seine Weisheit herholte, dieses Land ist itzo eine Wohnung der Türken, oder, welches einerlei ist, der Barbarei. Es sind die Zeiten, welche ganze Länder klug oder zu Barbaren machen, und nicht die Örter. So lange im römischen Staat eine vernünftige Freiheit oder ein weiser Monarch herrschte, so lange stiegen die Künste und Wissenschaften: als aber die Kaiser Pfaffendiener und Sklaven der Päpste wurden, so verloren sie das Reich, und das Reich verlor die Wissenschaft und Künste. Diese fanden sich nicht eher wieder ein, als bis einer der mächtigsten italienischen Fürsten ihnen durch Aufmunterung fähiger Köpfe den Weg bahnte.

Es ist keine Mutmaßung, sondern eine in der Erfahrung gegründete Wahrheit, daß unter den rauhen und solchen Völkern, welche an Örtern wohnen, deren Lage den Künsten und Wissenschaften am wenigsten günstig sein soll, eben sowohl Fähigkeiten verborgen stecken, als in Ländern, wo es Gelegenheit gibt, dieselben anzuwenden. Wer weiß nicht, daß China einen Confucius gehabt? und wie viel Beweise sind uns nicht von der noch itzigen Geschicklichkeit und Kunst der Chineser bekannt! Und doch liegt dieses Land bei der Linie; eben so wie Mexico, welches gewiß itzo, mit allen seinen Spanischen Pfaffen und Rosenkranzgelehrten, mehr barbarische Einwohner hat, als zu der Zeit, da es Cortes eroberte. Welch eine Pracht und Kunst herrschte nicht in den Tempeln und in den Palästen und Gärten des großen Montezuma, aus dessen Aufführung bei den damaligen Umständen, dergleichen keinen Monarchen in der Welt betroffen, man sattsam schließen kann, wie durchdringend der Verstand und wie groß der Geist dieses Wilden gewesen. Dieses Wilden? Dieses weisen Monarchen, muß man sagen; welchen man selbst für gelehrt halten muß, wenn man bedenkt, wie sorgfältig er alle Naturschätze seines Landes gesammelt und ein lebendiges Cabinet von unsäglicher Kostbarkeit daraus gemacht. Wer näher mit dergleichen rohen Völkern umgegangen ist, der findet nicht nur genug Merkmale ihres guten natürlichen Verstandes, sondern auch sogar ihres Witzes. Herr Gmelin durfte einem einfältigen Sibirier nur sagen, daß man an der Taschenuhr sehen könnte, um welche Zeit es wäre, so war ihm dieses schon genug, die Taschenuhr recht witzig, in aller Einfalt, mit der Sonne zu vergleichen, da er sie eine kleine Sonne nannte; welches Ausdrucks sich kein Poet schämen dürfte.

Über den Unsinn der Neujahrs-wünsche

Noch bei keinem Blatte habe ich mich so lange besonnen, wovon ich schreiben will, als heute, da mich der Neujahrstag erinnern sollte, meinen Lesern ein glückseliges neues Jahr zu wünschen. Es ist aber zwischen mir und dem Neujahrswünschen eine solche Antipathie, daß mir im ganzen Jahre kein Tag so verhaßt ist, als der heutige; weil ich an demselben so viel gedankenlose Reden anhören muß. Es geht damit so mechanisch zu, daß mir heute fast alle Menschen wie Maschinen vorkommen. Ich bin zu sehr überzeugt davon, daß ich eine Seele habe, als daß ich mich zur Maschine wünschen sollte. Ich gönne allen Menschen alles Gutes; ich sage es vielen auch oft, daß ich es ihnen gönne; es erinnert mich aber daran nicht die Zeit, sondern mein Herz. Überhaupt ist das viele Wünschen meistens ein leeres Gewäsche. Noch überflüssiger sind die Prophezeiungen, welche auf Aberglauben beruhen.

Wenn ich ja heute jemanden was wünschen sollte, so würde es dieses sein, daß man alles Gute, was man heute einander wünschet, einander auch gönnen möge. In das Prophezeien mag ich mich vollends nicht einlassen. Man hat ohnedies auf das angefangene Jahr eine Menge Prophezeiungen, welche die meinigen gar eher entbehrlich machen. Alles Wunderbare, Seltene und Schreckliche ist auf dieses 1748ste Jahr prophezeiet. Zerrüttungen ganzer Reiche, große Religionskriege, die Zerstörung des Papsttums, eine allgemeine Judenbekehrung, schreckliche Kometen, ja gar eine Verwüstung des ganzen Erdbodens erwarten in diesem Jahre Leute, welche den Einbildungen zu viel trauen. Aber ich bin immer noch so verwegen, zu denken:

Europens Staat wird noch bestehn;
Kein Glaubensreich wird untergehn;
Der Papst wird sich noch heilig schreiben;
Die Juden werden Juden bleiben.
Kein Anzug gräßlicher Kometen
Versetzt die Erd in Sterbensnöten.
Doch was geschieht, wird nicht geschehn,
Weil es ein Narr vorher gesehn.

Es muß sich nun bald zeigen, was von den auf dieses Jahr gestellten Prophezeiungen eintreffen wird. Ich fürchte, nein, ich hoffe, diese Prophezeiungen werden dienen, den Glauben an dergleichen Possen zu beschimpfen; und so wird Aberglaube durch Aberglauben vertrieben werden. Wenn die Einfältigen sehen werden, daß das, woran sie so fest geglaubt, nicht geschehen wird, so werden sie sich künftig schämen, so töricht zu sein. Die Einfältigen können von ihren Irrtümern durch nichts besser überzeuget werden, als durch dergleichen offenbare und sinnliche Widerlegungen derselben. Für die Verständigern aber sind noch andere und stärkere Mittel vorhanden. Diese begreifen, daß nur sehr wenig Begebenheiten sind, welche man gewiß voraus sehen kann. Dieses sind die Begebenheiten, welche von dem Laufe der Gestirne unmittelbar herrühren; ich sage unmittelbar; denn den Ungrund der Prophezeiungen aus den Adspecten habe ich schon in meinem 3. Stücke entdecket. Der Aufgang und Untergang der Sonne, des Monds und aller Sterne, die Mondsgestalten, die Sonnen- und Mondfinsternisse etc. sind Begebenheiten, welche man so gewiß vorher sagen kann, als man es weiß, daß eine richtige Uhr, wenn es itzo 6 Uhr ist, in 3 Stunden 9 schlagen wird. Von diesen Himmelsbegebenheiten haben wir allerdings heuer eine merkwürdige zu erwarten. Es ist eine große und fast totale Sonnenfinsternis, dergleichen seit 42 Jahren in Deutschland nicht ist gesehen worden. Ein jeder rechtschaffne Naturkundige freut sich so sehr auf diese wichtige Himmelsbegebenheit, als ein gewisser Liebhaber der Natur sich freute, da er den großen Kometen vor 4 Jahren sah, welcher sagte, nun wollte er gern sterben, da er einen Kometen gesehen hätte. Sonst weiß ich meinen Lesern nichts Merkwürdiges auf dieses Jahr zu prophezeien. Wer mehr wissen will, der lese den flüchtigen Pater aus Rom und andere Schnurrpfeifereien. Er muß sie aber so fleißig lesen, daß er darüber zum Don Quixodes wird, und, was er nicht empfindet, sich wenigstens einbildet.

Fragt man, worauf sich dergleichen Prophezeiungen gründen, so wird man entweder auf uralte Weissagungen zurück gewiesen, oder man gibt Erscheinungen und Eingebungen vor, oder man will es aus einigen Stellen in der Bibel erzwingen, oder man schiebt die Schuld auf die Adspecten. Aber was sind das für Gründe? Wenn jeder prophetische Phantast immer noch einen älteren vor sich gehabt hat, folgt daraus, daß der älteste davon kein Narr gewesen ist? und von wem kommen die Erscheinungen und Eingebungen? Wer weiß denn, außer Gott, künftige Dinge, welche uns nicht die Astronomie vorher sagt? Wofür kann man aber vorgegebene Erscheinungen und Eingebungen sonst halten, als für einen verwegenen Mißbrauch des Namens und der Eigenschaften Gottes? Von den Beweisen, die aus der Bibel hergenommen werden, habe ich nicht nötig, etwas zu sagen, desgleichen auch von den Adspecten. Die göttliche Weisheit hat uns nicht ohne Ursache einen Vorhang vor diejenigen künftigen Begebenheiten vorgezogen, welche uns glücklich oder unglücklich machen können. Wenn wir unser Glück vorher wüßten, so würden wir übermütig werden, und es untergraben, ehe es noch völlig ausgebauet worden. Wüßten wir unser Unglück vorher, so würden wir selbst dessen Ankunft beschleunigen, weil wir darüber mißvergnügt sein würden, ehe es noch da wäre. Und oft ist die Furcht vor einem Unglücke größer, als die Empfindung desselben. Es ist also nichts besser, als in einem beständigen Zweifel wegen seines zukünftigen Schicksals zu leben. Furcht und Hoffnung sind uns beide gleich nötig, wenn wir uns unser künftiges Glück nicht zum Unglücke machen, und unser künftiges Unglück nicht vergrößern wollen.

Die größte Attraktion im Leipzig des 18. Jahrhunderts und die stärkste Konkurrenz für die Universität: Die Promenade. Hier traf sich das galante Sachsen. Hier war auch Mylius zu suchen. Und von *Lessing* wird berichtet: „Oft schwatzte er seinen Freund Weiße noch vor Ernestis Tür" – der Tür zu einem Hörsaal – „weg und auf die Promenade."

Satirisches

Abhandlung von den Küssen

Die noch währenden Meßunruhen lassen weder mich was Ordentliches denken, noch meine Leser was Ernsthaftes lesen. Ich kann und will also heute nichts von Gestirnen, Metallen, Pflanzen und Insecten schreiben, sondern eine Materie abhandeln, welche alle Menschen, als Menschen, für angenehm halten, und welche, da sie notwendig Körper und körperliche Handlungen voraussetzt, physikalisch ist. Kurz zu sagen, ich will von Küssen handeln. Da ich aber hierinne selbst wenig Erfahrung habe, so werde ich mich hauptsächlich auf andrer Zeugnisse berufen, und zu dieser Absicht werden mir die Poeten am meisten behülflich sein. Da auch ein besonders aufgeräumtes Gemüt zur Ausführung dieser Materie gehöret, so entzücket itzo ein andrer Bach, durch die angenehmste Vermischung und Ordnung der Töne auf dem Claviere, das meinige auf eine Art, welche mich heute nicht melancholisch denken läßt. Doch setze ich alle jungen Frauenzimmer und Mannspersonen zu Richtern über mich. Diese werden mich und die verliebte Welt unendlich verbinden, wenn sie mir zeigen, wo ich gefehlet habe . . .

Aus Ehrfurcht werden dem Papst die Füße, großen Herren die Kleider und dem Frauenzimmer die Hände geküßt. Man hat mir gesagt, daß dem Frauenzimmer in England die Hochachtungsküsse auf den Mund und die Liebesküsse auf die Hände gegeben werden. Wenn dieses wahr ist, so glaube ich, daß manches deutsche Frauenzimmer mit einem englischen, und mancher englische junger Herr mit einem Deutschen tauschen würde.

Den Freundschaftsküssen räume ich einen etwas größern Umfang ein, als das Wort eigentlich angibt. Nicht nur Küsse, die Freunde und Freundinnen einander geben, sondern auch die, die Eltern ihren Kindern und Geschwister einander geben, rechne ich dazu, weil sie in dem Verstande, in welchem ich die Liebesküsse nehme, unmöglich genommen werden können. Daher sind alle folgende Arten von Küssen Freundschaftsküsse, von welchen ein anakreontinischer Dichter sagt:

Ein Kuß, den mir ein Freund verehret,
Ist nun so was, das eigentlich
Zum wahren Küssen nicht gehöret;
Es heißt hier nur, so schickt es sich.

Ein Kuß, den mir mein Vater giebet,
Ein wohlgemeinter Segenskuß,
Wenn er mich lobt und lobend liebet,
Ist was, das ich verehren muß.

Ein Kuß von meiner Schwester Liebe
Geht in so ferne wohl noch an,
Als ich dabei, mit fremdem Triebe,
An andre Mädchen denken kann.
(Lessing)

Entweder Freundschafts- oder Hochachtungsküsse müssen es sein, an welchen gelehrte Schöne einen Geschmack finden. Denn

Der Begriff gemeiner Küsse
Reizet kein gelehrtes Weib.
(Hagedorn)

So wenige den Wert der Freundschaftsküsse erkennen, so ausnehmend groß ist derselbe, zumal wenn er durch schwesterliche oder brüderliche Liebesküsse gehoben wird, und wenn ein Freund und Bruder zu dem andern sagt:

Küsse mich, ich will dich küssen,
Daß sich Treu und Bruderliebe
Durch den Bruderkuß verstärken.
(Gleim)

Doch ich komme auf die beliebteste Art der Küsse, auf die Liebesküsse. Ich mag sie nicht weitläufig beschreiben, weil die, die dieses lesen werden, sie besser kennen werden, als ich; und die andern werden wohl diesen Punct überschlagen. Soll ich aber sagen, was ein Liebeskuß ist, auf was für einer Seite soll ich ihn betrachten? Auf der zärtlichen oder auf der flüchtigen? Ist er

Ein Kuß, der Mark und Bein in Keuschheit zitternd macht?
(Canitz)
Ist er
Ein Kuß, ein Kuß voll jugendlicher Glut?
(Brem. Beiträge)
Doch ich verdamme weder diesen, noch jenen, und glaube,
Ein Kuß, den mir die Doris reichet,
Aus meiner Klagen Überdruß,
Und dann beschämt zurücke weichet,
Ja, so ein Kuß, das ist ein Kuß.
(Lessing)
Doch ist dieses, wie gesagt, nicht allein ein Kuß.

Über die angeführte Art der Küsse gibt es noch gewisse Quasiküsse, das ist, Küsse, welche Kinder einander und erwachsenen Leuten geben. Ich trage kein Bedenken, sie gänzlich aus der Zahl der Küsse wegzulassen; denn
Ein Küßchen, das ein Kind mir schenket,
Das mit den Küssen nur noch spielt,
Das bei den Küssen noch nichts denket,
Ist nur so was, das man nicht fühlt.
(Lessing)

Wer keinen Begriff von dem Wesentlichen der Küsse hat, der kann gar leicht die unschuldige Frage aufwerfen, was man denn von dem Küssen habe? und was das Gedahle heißen soll? Wer solche Fragen aufwirft, der muß keine Erfahrung von dem Küssen haben. Wenn er aber ein bißchen denken kann, so wird er doch wohl *a priori* einsehen können, woher die Küsse entstehen. Bei verliebten Küssen ist dieser Ursprung am leichtesten einzusehen. Verliebte Personen suchen sich einander so sehr zu nähern, als es möglich ist. Sie können gar nicht von einander sein, und wenn sie auch beisammen sind, so sind sie doch noch zu weit von einander. Sie setzen sich in Gesellschaft neben einander, sie rücken, sich unwissend, doch mit Vorsatz, immer näher zusammen, sie nehmen einander bei der Hand, sie stecken die Köpfe zusammen, und je näher Mund und Augen, worauf die Sprache ihrer Herzen deutlicher geschrieben steht, als sie sie durch ihre Reden ausdrücken, einander kommen, je mehr Reiz entdecken sie an denselben; dadurch empfinden sie immer größeres Vergnügen, und es ist natürlich, daß ihr Vergnügen am größesten werden muß, wenn sie einander so nahe sind, daß sie einander nicht näher kommen können; und dieses geschiehet, so viel ich weiß, durch nichts anders als durch Küsse. Daß ein solches Nähern durch eine starke Neigung hervorgebracht wird, dieses zeigt sogar die Natur in den Hunden, welche diejenigen lecken, welche sie liebkosen wollen. Was also die Natur lehret, dawider hat wohl die Vernunft nichts einzuwenden.

Die Absicht, der Gebrauch, der Nutzen, die Kraft und die Wirkung der Küsse ist sehr weitläufig, besonders bei den verliebten Küssen. Durch Küsse lernt man die Liebe mit jenem Kinde, welches spricht:

Als mich die Mama
Hänschen küssen sah,
Strafte sie mich ab:
Doch sie lachte ja,
Als ihr der Papa
Heut ein Mäulchen gab.
(Hagedorn)

84

Sie dienen auch anstatt der Beweise, denn

Ein Mädchen macht oft falsche Schlüsse,
Doch überzeugt sie mich durch Küsse.
(Hagedorn)

Hingegen dienen sie auch denjenigen in ihrer Gemütsruhe, welche an Denken und Schlüssen keinen Geschmack finden und sagen:

Schade für die magern Schlüsse!
Der mag denken: ich, ich küsse;
Mein Geschmack ist einmal so.
(Brem. Beiträge)

Wie manchen Dichter haben nicht die Küsse feurig, ja gar zum Poeten gemacht! wenn sie z. E. ihre Schönen statt der Musen also anrufen:

Soll ichs aus dem Grunde wissen,

(nämlich wie man ein schönes Mädchen poetisch beschreibt)

Schönste! so muß ich dich küssen,
(Sylvander)

und den Apollo mit samt seinen neun Musen unangerufen lassen, wenn sie sagen:

Doris, dich will ich besingen,
Flöß mir Kunst und Nachdruck ein.
Laß die Töne zärtlich klingen,
Und dies Beifalls würdig sein.
Zum Parnaß fleh ich nicht wieder,
Phöbus bleibe, wer er ist,
Wenn du Heldin meiner Lieder!
Selbst nur meine Muse bist.
(Rabener)

Hier haben, wie ich Nachricht habe, die Küsse die Doris zur Muse gemacht. Ferner so dienen die Küsse zum rechten Gebrauche des Mundes.

Den Mund gab die Natur
Und nicht zur Sprache nur.
Das, was ihn süßer macht,
ist, daß er küßt und lacht.
(Hagedorn)

Küsse machen auch Leute gesund, nach folgendem Zeugnisse:
Zwanzig Stunden nach dem Kusse
Fühlt ich schon in allen Gliedern
Neue Kräfte, neues Leben.
(Gleim)

Ja man kann auch gut danach schlafen.
Soll ich itzo schlafen,
so müssen Küsse rauschen.
(Gleim)

Ich muß auch die vortreffliche Kraft der Küsse nicht vergessen, durch welche sie die Fehler der Schönen zu Tugenden machen. Dieses bezeugt der Poet, wenn er von seinem Mädchen sagt:
Du, Liebe, wirst es wissen,
Wie mich ihr Mund bezwingt.
Ich wünsch ihn gleich zu küssen,
Und tausendmal zu küssen,
Wenn er mit Fehlern singt.
(Lessing)

Man könnte noch viel von den Küssen sagen; aber besser ist es, selbst küssen, und schweigen.

Wider die galante Folter der Schnürbrüste

Heute wünsche ich mir viele aufmerksame und unpartei-ische Leserinnen. Denn meine heutige Bemühung ist dem schö-nen Geschlechte gewidmet, und es sollte mir sehr leid sein, wenn sie ganz fruchtlos ausschlagen sollte. Ich will es von der Schäd-lichkeit einer ihm besonders werten Kleidung überzeugen, und es bewegen, sich, durch einen mehr eingeschränkten Gebrauch derselben, vor vielen und großen daraus entspringenden Übeln zu hüten. Was ich vorbringen werde, das werde ich aus wahrer Hochachtung gegen dieses Geschlecht und aus einer etwas mehr als menschlichen Begierde, dasselbe stets vergnügt zu sehen, sagen; um deswillen ich mir auch im voraus Verzeihung wegen einiger Freiheiten, welche ich mir notwendig werde nehmen müssen, von demselben verspreche.

Ich war ohnlängst in einer Gesellschaft verständiger und artiger Frauenzimmer, welche sich alle auf einen ausgesuchten und anständigen Putz verstehen. Dem ungeachtet eiferten sie wider eins der vornehmsten Stücke des Frauenzimmerputzes, wider die Schnürbrüste oder Schnürleiber. Sie führten Ur-sachen und Exempel ihrer Aussprüche an und machten mich durch ihr glaubwürdiges Geständnis nicht wenig stolz auf meine längst gehegte Meinung wider die Schnürbrüste. Ich dachte zu Hause der Sache weiter nach, befand diese Meinung je länger je mehr begründet, und sah auch, daß die größten Ärzte die-selbige gleichfalls hegen. Ich will also dieses Blatt dem Dienste des schönen Geschlechts widmen. Es ist ohnedies der fast

Das „Lever" einer Gräfin, ihren zeremoniösen Tagesbeginn, hält *Hogarth* auf diesem Blatt aus dem Zyklus „Marriage a la Mode" fest. Die unglaubliche Engführung der Taillen, „die galante Folter der Schnürbrüste", ist hier gut zu beobachten.

wöchentliche Gegenstand unserer itzigen Wochenschriftler. Ich richte mich allemal gern nach der Mode und will ihr auch in dem Stücke nicht zuwider leben. Doch mit dem Unterschiede, daß ich es zu seinem Besten tadeln und unterrichten werde, da es jene, zu seinem Schaden, loben und anbeten. So eigennützig und falsch jene sind, so uneigennützig und aufrichtig werde ich sein. Ich will heute aller Schönen ihr Leibarzt sein: sie werden mir daher auch alle Rechte zugestehen müssen, welche Leibärzten zukommen.

Mein Vorhaben ist, den großen Schaden zu zeigen, welchen die Schnürbrüste dem Frauenzimmer und auch andern verursachen. So groß dieser Schaden ist, so leicht wird es mir sein, denselben darzutun. Sobald die zarten Kinder auf der Welt sind, wickelt man sie so enge ein, als es möglich ist. Anstatt dieses schon schädliche feste Einwickeln zu verbessern, legt man ihnen bald darauf den fischbeinernen Panzer, die Schnürbrust, an, und fährt fort, die zartesten Gliedmaßen an dem Leibe und die Eingeweide in demselben wider die Natur zusammen zu pressen. Dieses geschieht gar bald bei den kleinen Mädchen mit den gewöhnlichen unten sehr sehr enge zulaufenden Schnürbrüsten. Man fängt von unten an, die schwachen und noch sehr biegsamen und sehr wenig befestigten Rippen dieser Kinder auf das allergewaltsamste einzupressen, und fährt mit dieser galanten Folter aufwärts, bis fast an den Nacken, fort, damit ja auch die Brust recht ins Enge getrieben werde. Dieses Verfahren hat eine große Ähnlichkeit mit dem Leiterspannen bei der Tortur. Da werden die obersten Gliedmaßen von den untersten und die untersten von den obersten gewaltsam weggezogen. Hier geschieht eben dieses. Das enge Einschnüren am untern Teile der Schnürbrust, wobei manches unschuldige Frauenzimmerblut vergossen wird, treibt die Hüften auf das stärkste unterwärts und die Rippen in die Höhe, daß es kein Wunder wäre, wenn dabei zuweilen der schöne Bau eines Frauenzimmers gar auseinander fiele. Die innere Weite des Unterleibes wird um die Hälfte wenigstens enger gemacht. Wo sollen nun der Magen, die Gedärme und die übrigen darinne befindlichen Eingeweide hinweichen? Werden sie nicht dabei auf das heftigste in einander hineingedrückt und zu ihrer erweiternden und zusammenziehenden (peristaltischen) Bewegung, welche zu der höchstnötigen Verdauung der Speisen unumgänglich erfordert wird, fast ganz untüchtig gemacht? Der Magen wird in die Höhe gepreßt, und drückt also das Zwerchfell (Diaphragma), welches die Scheidewand zwischen Brust und Unterleib ist, mit Macht in die Höhe. Dadurch, und zugleich durch das Schnüren des obern Teils der Schnürbrust, wird die Höhlung der Brust gleichfalls sehr enge gemacht, die Lunge selbst wird zusammengepreßt, das Atemholen, ohne welches das Leben nicht einen Augenblick bestehen kann, wird verhindert; daraus entstehen Engbrüstigkeit, Herzklopfen, Bangigkeit, Angstschweiß, Ohnmachten und vornehmlich eine schlechte Vermischung des Nahrungssaftes mit dem Blute. Denn der aus und um den Magen abgesonderte Nahrungssaft, durch welchen wir wachsen und leben, steigt durch einen gewissen Gang in die Höhe, und ergießet sich in eine große Ader, welche ihn mit dem darin vorhandenen Blute in die Lunge bringet. Daselbst wird er durch viel tausend kleine Röhrchen herum verteilet, und durch das stete Ausdehnen und Zusammenziehen der Lunge bei dem Luftschöpfen und Atemholen auf das genaueste mit dem Geblüte vermischt. Diese genaue Vermischung ist höchstnötig zur Erhaltung des Lebens und der Gesundheit. Denn wenn diese nicht geschieht, so wird kein rechtes, reines und flüssiges Geblüt durch den Körper verteilet. Es müssen vielerlei nötige Säfte von dem Geblüte abgesondert werden, als die Galle, die crystallene, gläserne und wässerichte Feuchtigkeit in den Augen, der Nervensaft, und dergleichen. Dieses kann nicht geschehen, wenn das Geblüt mit groben und unaufgelösten Teilen vermischt ist, und wenn es also kein rechtes Geblüt ist. Denn nur in wohl zubereitetem Geblüte sind diese Säfte, welche daraus abgesondert werden, enthalten. Wenn nun durch das Einpressen der Brust und Lunge die innere Vermischung des Nahrungssaftes mit dem Blute verhindert wird, so können aus dem Blute die nötigen Säfte nicht abgesondert werden. Es wird also an der Galle, als einem zur

Verdauung unentbehrlichen Safte, gebrechen; es wird am Nervensafte fehlen, in welchem doch unser Leben und unsre Empfindungen bestehen. Und dieses gilt auch von den anderen Säften. Die groben und mit dem Geblüte nicht vermischten, sondern nur in demselben herumschwimmenden Teile, geben demselben eine bleiche und tote Farbe. Dieses macht den der Bildung nach schönsten Leibern das häßlichste Ansehen; weil es die Haut blaß macht und das Gesicht aller Lebhaftigkeit und Annehmlichkeit beraubet. Woher entstehet die unter dem Frauenzimmer, und besonders bei uns, so ungewöhnliche Bleichsucht? Woher kömmt es, daß uns täglich so manches Frauenzimmer begegnet, welches uns durch sein grün, gelb und jämmerliches Gesicht in der Nähe eben so viel Ekel erwecket, als uns sein prächtiger Anzug und seine ansehnliche Leibesgestalt von ferne Vergnügen macht? Das unmäßige Caffeetrinken, die wenigen Bewegungen, das viele Schlafen und dergleichen tragen zwar das Ihrige redlich bei: aber ich glaube, daß die Schnürbrüste gleichfalls nicht wenig dabei tun. Durch das beständige Einpressen der Brust und Lunge kömmt es oft endlich so weit, daß die Lunge anwächst, und also das Atemholen je länger je mehr verhindert wird, ja, daß es wohl gar zum Ersticken kommen kann. Wie oft sieht man nicht in Gesellschaft, besonders in heißen Stuben, einen und dem andern Frauenzimmer den Angstschweiß ausbrechen! Der Atem entgeht ihnen, sie müssen beiseite gehen, sich brechen und die Schnürbrust lüften, wenn sie Linderung haben wollen. Warum das? Durch die Einpressung der Lunge wird das aus dem Herzen in dieselbe dringende Blut wieder in das Herz zurück getrieben; und daraus entstehen diese Beklemmungen und Schmerzen. Überhaupt wird dadurch den obern Teilen des Körpers das Blut und die Nahrung entzogen; und daher entsteht eine Abzehrung des Gesichts und der Arme, welche man so oft an Frauenzimmern bemerket. Im Unterleibe werden, durch die Einpressung des Magens und der Gedärme und durch die Entziehung und Verderbung des Nahrungssaftes, der Mangel des Appetits, Ekel, Verstopfung, Blähungen und alle diesen anhängende Übel verursachet. Ja durch das Pressen der

Gedärme ist es sehr leicht, Brüche zu machen. Der verderbte und schädliche Nahrungssaft wird durch das gewöhnlich starke Essen der Kinder noch vermehret; er häufet sich in den Drüsen des Gekröses und verursachet dadurch die Schwulst, welche man fast bei allen Frauenzimmern, die sich schnüren, unter der Schnürbrust, über den Hüften, antrifft.

Durch das heftige Pressen der zarten Muskeln und Knochen der Kinder unmittelbar, und durch das mit schädlichem Nahrungssafte verunreinigte Geblüt wird noch eine ganz besondere Krankheit, welche unter Reichen und Leuten von gutem Stande gar gewöhnlich ist, verursachet. Ich meine die englische Krankheit, diese Pest der zarten Kinder, welche dadurch bei dem Zwange unbesonnener Mütter und Aufwärterinnen an den Kindern zuwege gebracht wird. Diese Krankheit besteht darin, daß die fleischichten Teile der zarten Kinder verschwinden, die Knochen aber, an welchen häßliche Auswachsungen entstehen, in die Dicke übermäßig wachsen. Diese sehr gefährliche Krankheit läßt wenige Kinder am Leben, wenn sie sie einmal überfällt; und es ist ihnen auch alsdenn der Tod mehr, als das Leben, zu wünschen. Ich behaupte nicht, daß sie allemal und allein von den Schnürbrüsten herrühret: aber ich habe Grund, einen großen Teil der Schuld auf die Schnürbrüste zu schieben. Denn der durch dieselben in dem Geblüte grob gebliebene und schädliche Nahrungssaft häufet sich in den knorplichten zarten Endteilen der noch unvollkommenen zarten Knochen der Kinder und verursacht daselbst die häßlichsten Auswachsungen. Durch das Pressen der Muskeln und durch das zur Nahrung ungeschickte Geblüt wird das Geblüt und die ihnen daraus zuwachsende Nahrung ihnen entzogen: sie müssen also abgezehrt und kürzer werden. Dadurch werden die Knochen, an welchen sie befestiget sind, eingezogen und zurück gehalten, in die Länge zu wachsen; daher sie denn nur in die Dicke wachsen und krumm und ungestaltet werden. Die englische Krankheit ist ein Vorzug, aber ein betrübter Vorzug, vornehmer Kinder vor gemeinen. Wie glücklich sind nicht in diesem Stücke die Bauernkinder vor jenen, da sie bei ihrer nachlässigen Tracht und Pflegung einen natürlich gestalteten und gesunden Leib behalten!

Was ich bisher gesagt habe, das ist meistens nur die Kinder angegangen, ob sich gleich die Folgen davon auch eben so wohl im erwachsenen und im hohen Alter an den Frauenzimmern zeigen. Erwachsene Schönheiten, deren größte Sorge nunmehr ist, ihren natürlichen Reiz durch den künstlichen zu vermehren, und die Mannspersonen durch Natur, oder durch Kunst, oder durch beides, zu bezaubern, dürfen, wenn sie gleich bis hieher die bösen Wirkungen der Schnürbrüste noch nicht empfunden haben, deswegen noch nicht außer Sorge sein. Auch alsdenn kann ihnen ihre angenehme Marter alle itztgemeldeten bösen Folgen, ausgenommen die englische Krankheit, zuwege bringen, wiewohl nicht so leicht, und nicht in so hohem Grade. Besonders wird in ihnen ein gewisser Umstand, welchen sie vor unerwachsenen, schwangern und betagten Frauenzimmern voraus haben und welcher natürlicher Weise seine bestimmte Ordnung hat, durch das Pressen der Schnürbrüste, in Unordnung gebracht; woraus Colic, Blutspeien, Blutbrechen und heftige Kopfschmerzen entstehen; weil das, was seinen Weg unterwärts nehmen soll, ihn aufwärts zu nehmen gezwungen wird.

Bis hieher erlaube ich den Jungfern zu lesen. Das Folgende geht sie nichts an; denn nun habe ich mit den schwangern Weibern ein Wort zu reden. Diese sind diejenigen, welche durch einen uneingeschränkten Gebrauch der Schnürbrüste sich und andern den größten Schaden verursachen können. Die Früchte, die sie in ihrem Leibe tragen, sind noch weit zarter als die bereits zur Welt gebrachten Kinder. Das geringste Stoßen und Drücken kann ihnen das Leben oder wenigstens die Gesundheit auf Zeit Lebens nehmen. Wie unbarmherzig verfahren nicht unsere verheirateten jungen Schönen, aus ihnen noch immer im Ehestande anhängender Begierde zu gefallen, gegen die zarten und kaum zur Wirklichkeit gelangten Zeugen ihrer Liebe, indem sie sich fast bis zur Zeit ihrer Entbindung in die Schnürbrüste einpressen! Ihr dadurch unrein und zu ihrer eignen Nahrung untüchtig gemachtes Blut, welches zugleich die Frucht ernähren muß, ist zu diesem letztern Endzwecke noch weit untüchtiger. Die zarten und fast noch flüssigen Teile des Kindes können unmöglich von so grober Nahrung an Kraft und Größe gehörig zunehmen; und wenn sie dabei nicht gar in den ersten Monaten das Leben verlieren, so kommen doch endlich die schwächsten Werkzeuge zum Vorscheine, deren Leben bald nach der Geburt sie verläßt oder doch hernach beständig voll Ungemächlichkeit, Schwachheit und Krankheit ist. Die erste und gewöhnlichste ist die gedachte englische Krankheit, welche sehr viel Kinder männlichen und weiblichen Geschlechts, wenn auch die Schnürbrust bei denselben nicht unmittelbar hinzu kommt, hinraffet. Gemeiniglich hält man eine von Kindheit an verspürte schwache Leibesbeschaffenheit, wenn die Ältern gleichfalls damit beschweret sind, für ein Erbstück: und man tut auch nicht ganz unrecht daran. Denn ein sich selbst zuwege gebrachtes schwaches und kränkliches Wesen wird aus einerlei Ursachen auf Kinder, Enkel und Urenkel fortgepflanzet. Das Drücken und Pressen der Schnürbrüste macht notwendig die zarten Früchte im Mutterleibe oft zu Krüppeln, ja es beraubt sie nicht selten des Lebens, so, daß sie vor der Zeit unvollkommen und tot zur Welt kommen. Es ist offenbar, daß sich dieses viel häufiger bei vornehmen Weibern, als bei gemeinen, zuträgt. Die Ursache davon ist klar. Das gewaltsame Pressen der Schnürbrüste wird durch das Plankscheit, eines der schädlichsten Instrumente auf der Welt, noch weit vermehret. Man zwinget durch das unterste Ende desselben die Herzgrube auf das heftigste ein; was darunter liegt, muß also weichen; will es nicht im Guten, so muß es im Bösen; und es läuft oft übel genug dabei ab. Ein einziger Druck dieses Mordeisens kann die Welt um einen Menschen vermindern. Gewiß, die einzige Betrachtung, daß das unmäßige Schnüren unschuldigen Kindern das Leben kostet, sollte schwangere Weiber mit der Schnürbrust, und besonders mit dem Plankscheite, wenigstens behutsam umgehen lehren!

Das Frauenzimmer will seinen Körper durch die Schnürbrüste schön machen. Es will groß und lang dadurch werden,
aufgerichtet gehen lernen, und, was das vornehmste ist, eine
hohe und volle Brust bekommen. Es erreichet auch in der Tat,
wenn sein Bemühen nicht übel ausschlägt, alle diese Absichten.
Aber was den geschlankten Leib betrifft, so gilt dieses nur, solange er mit der Schnürbrust bepanzert ist. Man sehe aber ein
nackendes Frauenzimmer an, dessen Leib beständig ist ge-
schnüret worden. Welche unansehnliche Figur! In der Mitten
ist alles dünn, als wie ein Mehlsack, wo er auf dem Esel auf-
liegt: oben aber um die Brust ist eine ungestalte Dicke, und
über den Hüften ringsumher eine Geschwulst. Ist das ansehn-
lich? Ist das schön? Doch stille! itzt besinne ich mich. Ich habe
mich verraten, daß ich nackend Frauenzimmer gesehen habe.
Ich werde mich nun vor keinem Frauenzimmer mehr dürfen
sehen lassen. Aber nein; ich schäme mich noch nicht. Die
nackenden Frauenzimmer, welche ich gesehen habe, sind alle
tot gewesen und sind auf dem anatomischen Theater der Grau-
samkeit des anatomischen Messers unterworfen gewesen. Doch
ich will nun aufhören, zu eifern. Ich verspreche mir ohnedies
von dem schönen Geschlechte und den meisten Verehrern
desselben schlechten Dank für meine Bemühung . . .

Ich will gern leiden, was der Entschluß des schönen Geschlechts über mich verhängen wird. Doch habe ich Hoffnung,
daß es sich mit mir vertragen wird, wenn es sehen wird, wie billig
ich bei allem meinem Eifer bin. Ich will die Schnürbrüste
gar nicht aus den Kleiderzimmern der Schönen verbannen.
Ich gestehe sogar, daß ich selbst einen Gefallen daran habe;
wiewohl dieses seinen Ursprung in dem allgemeinen verderb-
ten Geschmacke haben kann. Das Altertum hat große Schönheiten und keine Schnürbrüste gehabt. Man ist auch vor Alters
so verliebt gewesen, als itzo, und die Natur sollte doch ordent-
licher Weise dem Zwange der Kunst vorgezogen werden. Will
man Puppen haben, so lasse man sich dieselben drechseln, und
mache das Frauenzimmer nicht zu Puppen. Die Torheit — Doch
ich bin schon wieder böse worden, ehe ich es selbst weiß. Ich

will es wieder gut machen und den Schönen den Gebrauch der Schnürbrüste zugestehen, sie dabei aber bitten, daß sie so sparsam und behutsam damit umgehen, als es möglich ist. Sie geben allerdings zarten Körpern eine gute Gestalt und beschützen sie vor vielen Zufällen, die sie ungestaltet machen können: doch erwachsene Frauenzimmer haben sie zu diesem Endzwecke so nötig nicht. Es wundert mich daher, daß sie bei der Liebe zur Bequemlichkeit, welche sich an den meisten zeiget, sich solchen Zwang antun können. Können denn nicht die Adriennen, die Polonnoisen, Russinnen, Mantillen und anderer dergleichen Staat den Mangel der Schnürbrüste in den meisten Fällen ersetzen? Überdieses so werden die Mannspersonen, auf mein Wort, so billig sein, und gern verstatten, daß das Frauenzimmer ihren Besuch in den nachlässigsten Nachtkleidern annimmt, weil sie nichts dabei verlieren werden. Indessen bitte ich alle Schönen, welche dennoch zuweilen den Gebrauch der Schnürbrust für nötig befinden, mir zu befehlen, daß ich sie einschnüre. Ich will es so geschickt machen, daß sie keine üblen Folgen davon zu befürchten haben sollen.

Rokoko und Mathematik

Ich habe versprochen, heute unordentlich zu sein. Ich kann mein Versprechen nicht besser erfüllen, als wenn ich den Satz, daß ein junger Herr allezeit ein Naturkundiger sei, mathematisch beweise. Ich habe die Anfangsgründe einer ganzen Wissenschaft hiervon aufgesetzt, und teile meinen Lesern gegenwärtig mit einen

Auszug aus den Anfangsgründen der Physikopetitmaitrick

Die I. Erklärung

1. §. Die Physikopetitmaitrick ist eine Wissenschaft von der physikalischen Einsicht der jungen Herren.

Die II. Erklärung.

2. §. Ein junger Herr ist ein Mensch, dessen höchstes Gut schöne Kleider, die neuesten Moden, verliebte Frauenzimmer und dicke Waden sind.

I. Anmerkung.

3. §. Ein junger Herr heißt auf französisch *petit maitre;* und hiervon hat gegenwärtige Wissenschaft ihren Namen.

II. Anmerkung.

4. §. Es versteht sich, daß ein junger Herr männlichen Geschlechts sein muß, da er ein Herr ist und verliebte Frauenzimmer sein höchstes Gut sind. Hütet euch aber, daß ihr nicht meinet, alle Mannspersonen wären junge Herren.

Die I. Erfahrung.

5. §. Wenn ihr auf die Leute wohl Achtung gebet, so werdet ihr wahrnehmen, daß auch Mannspersonen von 40, 50 bis 60 Jahren einen großen Gefallen an schönen Kleidern, neuen Moden, verliebten Frauenzimmern und dicken Waden haben.

6. §. Es gibt auch alte junge Herren (2. §.) . . .

— — —

Die IV. Erklärung.

14. §. Wenn eine verliebte Person, männlichen oder weiblichen Geschlechts, seine Lippen auf die Lippen oder einen jeden Teil des andern drücket, und sie mit einigem Geräusche derselben wieder davon wegnimmt, so heißt dieses küssen, und die Handlung dieses Küssens wird ein Kuß genennet.

Anmerkung.

15. §. Ich weiß zwar wohl, daß ein Vater seinen Sohn aus väterlicher, und eine Schwester ihren Bruder aus schwesterlicher Liebe küsset: aber dieses sind keine verliebten Personen, und ihre Küsse sind also, nach meiner Erklärung, keine Küsse. Der Poet hat also recht, wenn er sagt:

Ein Kuß, den mir mein Vater giebet,
Ein wohlgemeinter Segenskuß,
Wenn er mich lobt und lobend liebet,
Ist was, das ich verehren muß.

— — —

Der IV. Lehrsatz.

32. §. Die jungen Herren lieben schöne Frauenzimmer.

Beweis.

Schöne Frauenzimmer sind verliebt, liebenswürdig und lassen sich gern von jungen Herren lieben. Junge Herren aber lieben verliebte Frauenzimmer. (2. §.) Da es nun außer Zweifel ist, daß sie vornehmlich diejenigen lieben werden, welche sie lieben und welche sie selbst für liebenswürdig halten müssen, das ist, schöne Frauenzimmer: so folgt, daß die jungen Herren schöne Frauenzimmer lieben. W. Z. E. W.

Die I. Aufgabe.

33. §. Die absolute und relative Größe der Schönheit eines Frauenzimmers zu finden.

Auflösung.

1. Verfertiget euch einen Maßstab von 3 Ellen; denn länger als 3 Ellen ist kein schönes Frauenzimmer. Es kann auch ein verjüngter sein.

2. Traget auf denselben die Längen, Breiten, Dicken und Höhen des ganzen Körpers, der Füße, der Schenkel, des Unterleibs, der Brust, der Hände, der Arme, des Halses, des Kopfes, der Augen, der Ohren, der Stirne, des Mauls, der Nase u.s.w. eines Frauenzimmers, welches ihr überhaupt für schön haltet.

3. Messet den Leib, die Schenkel, die Brust, die Nase u.s.w. eines Frauenzimmers, dessen Schönheit ihr untersuchen wollt; welches am füglichsten mit seidner Rundschnüre geschehen kann, damit es dem zu messenden Frauenzimmer nicht beschwerlich sei.

4. Knüpfet überall einen Knoten in die Rundschnüre, wo das genommene Maß aus ist. Merket euch aber ja wohl, welche Knoten zu jedem gemessenen Glied gehören, damit ihr nicht die Größen miteinander verwechselt und z.E. die Länge der Schenkel für die Länge der Nase ansehet.

5. Vergleichet die genommenen Maße mit den Maßen eben derselbigen Glieder auf eurem Maßstabe, und sprechet:
Wie sich verhält die Größe eines Gliedmaßes eines schönen Frauenzimmers überhaupt
zu der Größe eines jeden andern Gliedmaßes eines schönen Frauenzimmers überhaupt,
so verhält sich die Größe eben dieses erstern Gliedmaßes an dem gemessenen Frauenzimmer
zu der Größe eben dieses letztern Gliedmaßes an dem gemessenen Frauenzimmer.
Ist nun das letztere Verhältnis viel größer oder kleiner als das erstere: so ist wenig Schönes an dem gemessenen Frauenzimmer. Kommen aber beide Verhältnisse einander sehr nahe oder sind einander gar gleich: so ist dasselbe sehr schön; wenn nämlich dieses bei allen Teilen zutrifft. Ihr habt also die absolute Größe der Schönheit gefunden; welches das erste war.

6. Vergleichet das Verhältnis der Gliedmaßen des Frauenzimmers, dessen Schönheit euch der Größe nach gegeben ist,

mit dem Verhältnisse der Gliedmaßen eines andern Frauenzimmers, deren Schönheit euch der Größe nach unbekannt ist. Welches Verhältnis nun den Verhältnissen auf eurem Maßstabe am nächsten kömmt, das zeigt eine größere Schönheit an, und umgekehrt. Und dieses machet euch die relative Größe der Schönheit bekannt; welches das andere war.

Es sei z. E. die Schönheit eines Frauenzimmers in Ansehung des Mundes und der Nase zu suchen. Die Länge der Nase sei zur Breite des Mundes wie 4a zu 3a: ihr befändet aber diese Größen bei einem gegebenen Frauenzimmer in dem Verhältnis 6a : a : so wäre, weil $\frac{6a}{a} = 6$, hingegen $\frac{4a}{3a} = 1\frac{1}{3}$, das erstere Verhältnis dem letzten sehr ungleich, und euer ausgemessenes Frauenzimmer würde sehr häßlich sein; denn ihre Nase wäre fast 6mal so groß als ihr Mund. Es wird also $6 - 1\frac{1}{3} = 4\frac{2}{3}$ die absolute Größe der Schönheit dieses Frauenzimmers in Ansehung ihrer Nase und ihres Mundes zu erkennen geben.

Fändet ihr bei einem andern Frauenzimmer diese absolute Größe $\frac{1}{1000}$: so würde dasselbe sehr schön und weit schöner sein, als das vorhergehende. Nämlich die Größen beider Schönheiten werden sich umgekehrt verhalten, wie die Differenzen zwischen den Quotienten von den Verhältnissen der gefundenen Größen zu den Verhältnissen der Größen auf dem Maßstabe.

Anmerkung.

34. §. Es ist nicht gewöhnlich, in Auszügen aus Anfangsgründen mathematischer Wissenschaften zu allen Auflösungen der Aufgaben den Beweis zu setzen, wenn er gleich oft sehr nötig ist. Meine Leser könnten denken, ich verstünde die mathematische Methode nicht, wenn ich alles beweisen wollte.

Zusatz.

35. §. Die physikalische Erkenntnis der jungen Herren ist mathematisch, da sie schöne Frauenzimmer lieben (32. 2. §.), die Schönheit aber zu kennen eine große mathematische Einsicht erfordert wird (33. §.).

Die II. Aufgabe.

36. §. Den körperlichen Inhalt einer Wade zu finden.

Auflösung

1. Nehmet einen jungen Herrn, legt ihn auf den Bauch, bindet ihn an ein Brett, daß er nicht um sich schlage, und haltet ihm den Mund zu, auf daß er nicht schreie, und einen Lärm unter den Hunden erwecke.

2. Ziehet ihm an einem Fuße den Schuh und den Strumpf aus.

3. Gießet geschmolzenen Siegellack über den nackten Fuß, so daß ihr eine Form von der Wade bekommt.

4. Wenn das Siegellack hart und kalt geworden, so nehmt es ab, und gießt in die Form der Wade geschmolzenen Wachs.

5. Wenn dieses kalt geworden, so nehmt es heraus und bringt es in die Form einer Kugel; endlich

6. Multipliciret den Durchmesser und den größten Zirkel dieser Kugel ineinander, und dieses Product multipliciret in $\frac{1}{6}$ des Durchmessers: so habt ihr, was ihr verlanget.

Beweis.

Weil die Kugel einer Pyramide gleich ist, deren Grundfläche der ganzen Kugelfläche, die Höhe aber der Hälfte ihres Durchmessers gleich ist: so muß der cubische Inhalt der wächsernen Kugel auf angebrachte Weise gefunden werden. Der körperliche Inhalt dieser Kugel ist aber gleich dem Inhalte der Wade: *(per construct.)* folglich erhält man auf beschriebene Weise den körperlichen Inhalt einer Wade.

Zusatz.

37. §. Die jungen Herren verstehen sich gut auf die dicken Waden: (2. §.) weil aber zu dieser Wissenschaft viel Mathematik gehöret: (36. §.) so ist wiederum klar, daß dieselben viel mathematische Einsicht bei ihrer Naturwissenschaft besitzen.

Der V. Lehrsatz.

38. §. Die physikalische Einsicht der jungen Herren ist gründlich.

Beweis.

Eine mathematische Einsicht ist gründlich. Der jungen Herren ihre physikalische Einsicht ist mathematisch, (35. 36. §.) und also gründlich.

Sommerlich-geselliges Leben in den Zeiten des Berliner Tiergartens. Ein Kupferstich von *Daniel Chodowiecki.*

Berlinisches

Der Spaziergang in dem Irrgarten bei Berlin

Hier wo sich der Weidendamm länglichrund schwinget,
Und allzeit befeuchtete Wiesen umringet,
Erscheint mir der Sommer am Strande der Spree.
Dich, Monbijou, wählt er zum prächtigen Sitze.
Er wehret dem Regen, dem Donner und Blitze
Und schwinget sich flüchtig vor mir in die Höh!

Ich folge dir, Sommer, wohin du mich führest,
In Gegenden, die du, samt Friedrichen, zierest,
Wo Kunst und Natur sich durch beide vereint.
Ich nah mich dem Schlosse, wo Helden nur wohnen,
Wo erbliche Weisheit und Tapferkeit thronen
Und wo nur das Laster sein Schicksal beweint.

Hier wo man, sobald man das Tagslicht vermisset,
Mit Haufen den kühlenden Abend begrüßet
Und wo man die Hitze des Sommers nicht scheut,
Hier hat man, den Fürsten zum großen Exempel,
Euch, mächtigen Göttern, drei prächtige Tempel,
Urania, Mars und Apollo! geweiht.

Itzt läßt mich der düstere Schatten der Linden
Am Tage die Anmut des Abends empfinden;
Zur Linken erblick ich der Friedrichstadt Pracht.
Ich seh, wo schon wieder das Tageslicht glänzet,
Ein Viereck von lauter Palästen umgrenzet,
Die Ordnung und Lage so kostbar gemacht.

Wie feurige Dichter, durch künstlichs Entzücken,
Oft Himmel und Hölle beisammen erblicken,
Damit sich der Leser verwundernd ergötzt:
So werd ich natürlich durch wahres Empfinden,
Da Tempel und Turm und Paläste verschwinden,
In eine poetische Sphäre versetzt.

In Wildnis verkehrt sich die Pracht der Gebäude.
Es fragt sich mein Geist, voll veränderter Freude,
Ob irgend ein träumender Schlummer ihn täuscht?
Nein! wahrlich, die Klarheit, mit der ich empfinde,
Die Ketten, womit ich Begriffe verbinde,
Entdecken, was Wolf von dem Wachen erheischt.

O Anblick! der billig Erstaunung erzwinget;
Von Kiefern und Fichten und Eichen umringet,
Dünk ich mich von Häusern und Menschen verbannt.
Bald fürcht ich die Bären, bald flieh ich zurücke;
Indem ich dort Schiffe voll Waren erblicke,
Und denke, wo die sind, bewohnt man das Land.

Im wüstesten Sand, in den dichtesten Bäumen,
Vergeß ich von Wildnis und Bären zu träumen;
Charlottenburg zeigt mir, wo Friedrich itzt wohnt.
Zusehends belehrt mich mein längres Verweilen
Durch künstlichen Weg und gebildete Säulen,
Die Wetter und Alter im Walde verschont.

Da, wo sich ein Gang mit den andern verwirret,
Und, wenn man von einem zum andern geirret,
Sich willig verirrend, den Ausgang verliert,
Verwirren sich meine gehäuften Gedanken
In meines Vergnügens unendliche Schranken
Und preisen den, der uns so gütig regiert.

In Berlin angestellte Beobachtungen des Wetters im Jahr 1752

Ich habe meine Wetterbeobachtungen ununterbrochen bis zu Ende dieses Jahres fortgesetzt; außer daß ich das Hygrometer, welches überhaupt noch gar zu ein unvollkommenes Instrument ist, nur bis zu Ende des Heumonats beobachtet; und da ich auch diesen Beobachtungen nicht genug traue, so werde ich sie hier gar weglassen. Die übrigen werde ich diesesmal in die Kürze zu ziehen genötiget.

Das Jahr fing ganz warm bei schwachem Südostwinde, mit Nebel, Sonnenblicken und Regen an. Das Wetter ward hernach trüber und sehr neblicht, der Wind wendete sich gegen Westen und Norden, und es schneite auch. In der Mitte des Jenners ward es sehr kalt, wobei es meistens trübe war, und der Wind nicht allzu stark aus den nordwestlichen Gegenden wehete. Er kam hernach allmählich wieder aus Südost und wehete zuweilen stark. Es war meistens trübe und viel Nebel und Schnee mit unter. Gegen das Ende dieses Monats ward das Wetter viel gelinder, mit Regen, Schnee und Sonnenblicken vermischt. Der Wind kam mittelmäßig stark aus Ostnordosten und Norden.

Der Februar fing sehr kalt an. Der Wind kam aus Osten und den südöstlichen Gegenden, wehte nicht gar stark und brachte trübes Wetter, nebst etwas Schnee, Regen und Nebel. Den 9. war helles und angenehm warmes Wetter, welches aber hernach bei mäßigen südlichen und südwestlichen Winden wieder rauher ward, wobei es den 12. schneite und regnete. Den

13. fiel bei nordnordwestlichem schwachem Winde, nach etwas Nebel, vormittags von 9 bis 11 Uhr eine entsetzliche Menge Schnee in so großen Flocken, dergleichen ich noch nie so häufig fallen gesehen. Viele darunter waren so groß, als Hühnereier. Darauf regnete es etwas, und nachmittags fielen sehr kleine dichte Graupen. Das Wetter ward die folgenden Tage bei nordöstlichen zuweilen ziemlich starken Winden noch kälter, wobei es meistens trübe war und öfters schneite. Der Wind wehete hierauf bis zu Ende des Monats abwechselnd und nicht allzustark aus den nordöstlichen und südlichen Gegenden, wobei es erst trübe war, und zuweilen schneite. Den 23., 25. und 26. war es meistens helle, doch dunstig.

Der März fing etwas helle und warm an. Der Wind wehete etwas schwach aus den südöstlichen Gegenden und wandte sich hernach nach den nördlichen, wobei es trübe war und zuweilen stark regnete. Vom 4. bis zum 9. kam der Wind aus den südöstlichen und südlichen Gegenden und wehete zuweilen ziemlich stark. Der Himmel war bis den 15. meistens schön hell, und zuweilen ward es etwas warm. Gegen diesen Tag regnete es zuweilen bei nördlichen Winden. Den 16. wehete erst der Wind aus Süden mittelmäßig und brachte abwechselnd Graupen, Hagel und Schnee mit sehr großen Flocken. Die Sonne schien zuweilen, und nachmittags und abends wehte der Wind sehr stark aus den nordwestlichen Gegenden, wobei es wieder schneite und graupelte. Abends ward es ganz hell. Zwischen 7 und 8 Uhr abends wollten verschiedene glaubwürdige Personen allhier an verschiedenen weit von einander entfernten Orten in der Stadt einen ziemlichen Stoß von einem Erdbeben verspüret haben, wovon die Dielen sich gehoben und die Türen teils sehr erschüttert worden und teils gar aufgesprungen. Ich kann die Sache durch meine eigene Erfahrung nicht bekräftigen: sie wird aber dadurch etwas wahrscheinlich, daß man an eben diesem Tage, den 16. März, zu Stavanger in Norwegen ein Erdbeben gehabt. Die folgenden Tage waren Sonnenblicke mit etwas Graupen und Schnee bei nordwestlichen ziemlich starken Winden. Vom 20. an ward es bei eben solchen Winden noch trüber und regnete oft stark. In der Nacht zwischen dem 22. und 23., auch den 23. früh, war ein heftiger Sturmwind, welcher aus Nordnordwest kam und stets auf beiden Seiten weit ausschweifte. Es liefen dabei viel Wolken und war nicht sonderlich kalt. Der Wind wehte bis zum 27. meistens aus dieser Gegend stark, und es war abwechselnd mit Sonnenblicken viel Regen. Gegen das Ende des Monats wandte sich der Wind nach Süden und ward schwächer. Sonnenschein, Regen, Schnee und Graupen wechselten beständig ab.

Im April war der Wind anfangs wechselnd nördlich, nordöstlich und südöstlich und wehte nicht stark. Das Wetter war ziemlich hell, warm und angenehm, doch regnete es den 3. und 4. Hierauf wechselten Sonnenschein, Nebel, Schnee, Regen und Graupen ab, und der Wind kam allmählich bis zum 16. meistens aus Nordost. Das Wetter blieb immer noch sehr abwechselnd, und die Sonne machte es oft ziemlich warm. Den 15. sah ich die Schmetterlinge und den 16. die Schwalben wieder kommen. Das Wetter ward auch beständiger, obgleich immer Wolken mit unter waren. Den 21. war der Wind nordwestlich und brachte trübe und kalte Wetter. Er wendete sich hierauf nach Ostsüdost, wobei es wieder angenehm Wetter war. Den 25. ward der Wind nördlich und brachte starken Regen. Hierauf kam er wieder meistens sehr schwach aus Osten, wobei es meistens hell und warm war.

Der Mai fing mit südöstlichen etwas stärkeren Winden an, und es war dabei ziemlich hell und warm. Den 4. abends blitzte es. Den 5. war der Himmel vormittags mit lauter schönen Schafwolken bedeckt, und der Wind kam nachmittags zuweilen aus den südlichen und zuweilen aus den nordwestlichen Gegenden etwas stark und den 6. aus Nordnordwest noch stärker. Nachmittags donnerte es von ferne, und es fiel ein starker Platzregen, welcher die Luft ziemlich abkühlte. Hierauf folgten bei südwestlichen, nordwestlichen und nordöstlichen zuweilen etwas starken Winden bis zum 13. beständig abwechselnder Sonnenschein und Regen, und es war ziemlich kühle Luft. Den 14. waren laufende Wolken an hellem Himmel, und der Wind stürmte aus Nordnordwest. Er nahm allmählich ab, der Himmel ward trübe und bald wieder helle. Den 17. kam der Wind aus Südost, und es war ziemlich heiß, so daß es abends stark blitzte und donnerte. Der Wind wehete die folgenden Tage oft gar stark aus den nordwestlichen und nordöstlichen Gegenden, wobei es ziemlich kühle und meistens trübe war, auch zuweilen stark regnete und etwas hagelte. Nach dem 21. ward wieder heller und wärmer Wetter; vom 25. zum 27. war es wieder meistens trübe und regnericht und hernach bis zu Ende des Monats ziemlich helle öfters mit Schafwolken.

Zu Anfang des Junius wehete der Wind aus den südöstlichen Gegenden. Es war etwas warm, und es donnerte und regnete zuweilen. Nach ziemlicher Hitze donnerte und blitzte es den 6. und 7. stark, auch fiel den 7. nachmittags zwischen 5 und 6 Uhr ein entsetzlicher Platzregen, welcher einem Wolkenbruche ähnlich war. Auf verschiedenen Straßen in der Stadt stund das Wasser 1/2 Fuß hoch. Es war die folgenden Tage immer noch sehr heiß, obgleich meistens viel Wolken waren. Der Wind wehete sehr veränderlich aus den südlichen und westlichen Gegenden, und den 16. und 17. sehr stark. So veränderlich war auch das Wetter mit Sonnenschein, Regen, Gewittern etc. So währte es bis zu Ende des Monats, der Wind aber ward schwächer und kam hernach fast beständig aus den östlichen Gegenden.

Der Julius fing mit heißem Wetter und etwas starken südöstlichen Winden an, welche hernach östlich und südlich wurden. Den 3. donnerte es von ferne, und den 4. früh war ein stark Gewitter, welches vor der Stadt einschlug und eine Menge in Asche legte. Der Wind wandte sich die Tage darauf nach Westen, und es regnete etliche mal stark. Nach dem 7. wendete sich der Wind nach den nördlichen Gegenden; es war meistens sehr wolkig, und den 10. donnerte es nach ziemlicher Hitze und bei den südlichen zuweilen sehr starken Winden ein wenig.

Den 11. war es noch heißer, und abends war ein sehr starkes Gewitter mit einigem heftigen Regen. Die Hitze fuhr fort, die Winde waren unbeständig, doch meistens südlich, und den 13. früh donnerte und blitzte es 3 Stunden lang ziemlich stark. Den folgenden Tag wehete der Wind stürmisch aus Südsüdwest, und darauf kam er bis zum 18. bei mäßiger Wärme und wolkigem Himmel aus den westlichen Gegenden. Den 19. nachmittags waren zwei Gewitter, wovon das letztere ziemlich stark und mit vielem Regen begleitet war. Bei diesem Gewitter beobachtete der Hr. D. Ludolf die Electricität des Donners zum ersten mal. Das Wetter ward hernach bei abwechselnden südlichen und westlichen Winden etwas kühle, und die Sonne schien nur bisweilen. Den 24. ward es wieder meistens helle, und den 27. blitzte und donnerte es bei nordwestlichen Winden ein wenig, wobei sich gleichwohl die Electricität des Donners in etwas zeigte. Den 28. nachmittags donnerte und blitzte es wieder, und der Donner zeigte seine electrische Kraft ziemlich stark. Der Wind ward nordöstlich und zuletzt östlich. Den 29. blitzte es nach heißem Wetter abermals, aber nur von weitem. Es war die beiden letzten Tage wieder ziemlich heiß, und den 31. hatten wir 3 Gewitter, doch von weitem.

Den 1. August hatten wir vom frühen Morgen bis zum späten Abende, bei meistens nordöstlichen nicht starken Winden, sechs Gewitter. Das um 2 Uhr nachmittags war das stärkste, welches wir dieses Jahr gehabt, und kam aus Osten. Das um 3 Uhr war wieder ziemlich stark und kam aus Norden. Dabei fiel eine gute Zeit lang ein mit wenigem, aber großem Hagel vermischter, über die Maßen dichter und heftiger Platzregen. Er drang durch alle Dächer und Fenster ein, füllte die Keller und setzte fast die ganze Stadt an verschiedenen Orten mit großer Gefahr, Häuser umzureißen, unter Wasser, welches in manchen Straßen über 2 Fuß hoch stund. Es regnete die beiden folgenden Tage bei schwachem Ostnordostwinde abwechselnd viel und wenig, und den 7. nachmittags donnerte es wieder in der Ferne. Hierauf ward es wieder ziemlich helle und warm, und der Wind wendete sich allmählich gegen Süden und

Westen. Den 8. nachmittags donnerte es wieder, aber nicht allzustark. Den 10. früh war der ganze Himmel mit Schafwolken bedeckt. Alsdenn war etwas kühles, meistens trübes Wetter, zuweilen mit wenig Regen, meistens bei südlichen Winden. Den 13. ward es heller, und der Wind wandte sich erst nach Nordwest und hernach nach Nordost. Den 15. früh war ein sehr dichter Nebel, welcher hernach fiel. Abends blitzte es ein wenig, nachdem es wieder ziemlich warm gewesen. Den 16. wandte sich der Wind bei ziemlich hellem und heißem Wetter nach Süden und dann wieder gegen Osten. Den 17. blitzte es abends nach heißem Wetter von 8 bis 11 Uhr unaufhörlich über die maßen stark. Die folgenden Tage war es wieder meistens helle und heiß, und den 21. blitzte es abends stark. Den 22. war es sehr heiß, und abends donnerte und blitzte es etwas. Den 23. hatten wir gegen Abend, nach dunstigem und heißem Wetter und Südwinde, ein schwaches Gewitter. Bis zum 28. war der Wind westlich und südwestlich, und der Himmel ward allmählich trübe. Den 29. regnete es bei heftigem nordwestlichem Winde sehr stark, so daß der Platzregen um 12 und 3 Uhr einem Wolkenbruche ähnlich war. Hernach war der Himmel bis zu Ende des Monats, bei nordwestlichen und südwestlichen Winden, ziemlich trübe. Ich muß hierbei anmerken, daß, ob wir gleich hier in Berlin in diesem Sommer zuweilen sehr starke Regen gehabt, sie doch fast nichts gegen die vielen und beständigen Regen sind, von welchen wir überall her so viele Nachrichten erhalten haben. Auch ward fast von allen Orten her berichtet, daß so ein kalter Sommer gewesen: wir hingegen haben hier im Julius und August fast eine beständige Hitze gehabt, welche die vielen Gewitter niemals lange unterbrochen haben. Und diese Hitze machte auch, daß der zuweilen stark gefallene Regen den Erdboden nicht lange naß hielt und wir also über große Nässe nicht klagen konnten.

Der September fing ziemlich kühle, trübe und mit starken westlichen Winden an. Es ward bald darauf allmählich hell und warm, und der Wind wandte sich nach Süden. Am 6. abends blitzte es und regnete stark. Der Wind ward hierauf stark und unbeständig, bis er vom 10. bis zum 12. meistens südsüdost war. Es war dabei kühles und trübes Wetter. Die südlichen, westlichen und nordwestlichen Winde wechselten hernach bis zu Ende des Monats fast täglich unbeständig ab, und sonderlich waren die westlichen Winde den 13., 15., 21., 22 und 23. stürmisch. Die Sonne schien zwar oft, aber unbeständig, wobei sich oft Dünste und Nebel zeigten; auch regnete es zuweilen, und zuletzt viel. Den 22. abends gegen 5 Uhr blitzte und donnerte es von ferne ziemlich stark.

Zu Anfang des Octobers klärte es sich nach einigem Nebel und bei nördlichen Winden auf. Den 4., 5. und 6. war es hell und etwas warm und der Wind östlich, erst gegen Norden, hernach bei meistens trübem Wetter gegen Süden abweichend. Es ward hierauf wieder neblicht und hernach hell; und so war fast den ganzen Monat durch meistens früh starker Nebel, nach welchem es sich aufklärte, so daß es zuweilen recht angenehm warmes Wetter war. Geregnet hat es in diesem Monate fast gar nicht; außer den 30. früh. Vom 13. an wurden die Winde westlich und südwestlich, den 20. nördlich, und sie wandten sich, meistens ziemlich schwach, hierauf nach Osten und endlich nach Süden, worauf sie zuletzt stark und wieder westlich wurden.

Der November fing mit südwestlichen, zuweilen bis Süden und Westen ausschweifenden, etliche mal starken Winden an. Das Wetter war anfangs helle und warm, ward aber bald trübe und regenhaft, meistens bei abwechselndem Sonnenschein. Um die Mitte des Monats kamen wieder Nebel, Dünste und Regen, worauf es sich den 13. bei ostnordöstlichem Winde wieder aufklärte und anfing zu gefrieren. Die Winde waren vom 22. an bis zu Ende unbeständig südlich, westlich und nördlich, und eben so unbeständig wechselte das Wetter mit Sonnenschein, Regen und Nebel ab. Den 29. schneite es zum ersten mal.

Zu Anfang des Decembers stellte sich nach etwas Sonnenschein, bei ziemlicher Kälte trübes Schneewetter mit etwas Regen ein. Der Wind war erst nördlich und hernach südwestlich, und den ganzen Monat durch war regnericht, trübe und neblicht Wetter mit wenig Sonnenschein und Schnee. Den 13., 14. und 17. regnete es stark. Den 10. abends haben es einige blitzen gesehen. Den 14. abends um 12 Uhr war fast eine Stunde lang ein ganz entsetzlicher Sturmwind aus den westlichen Gegenden, welcher hier zu Lande sowohl, als auch besonders auf der See viel Schaden getan. Einige haben es dabei donnern gehört. Mir kam es zwar auch so vor, doch glaubte ich, es wäre nichts anders als das hohle Brausen des Sturmwindes; wiewohl auch von verschiedenen andern Orten her berichtet ward, daß es dabei gedonnert. Bei diesem Sturme regnete und hagelte es stark. Der Wind kam hierauf meistens aus Westsüdwest und den 19. wieder sehr stark. Vom 27. bis zu Ende des Jahres war der Wind bei ziemlich kaltem Wetter meistens nordöstlich.

Poetisches

Zwei Gärtner

Ein Gärtner konnte den Geruch
Der edlen Lilien nicht vertragen.
Er zwang aus ihm oft manchen Fluch
In dufterfüllten Sommertagen.
Er sah mit mürrischem Gesicht,
Sie täglich blühn und höher sprossen:
Und doch hatt er, aus Haß, sie nicht,
Seitdem sie aufgeblüht, begossen.
Ein andrer Gärtner, dessen Freund,
War diesen Blumen sehr gewogen.
Er hatt, eh er es selbst gemeint,
Zur schönsten Blüt sie aufgezogen.
Da er, weil er sie oft begoß,
Der Sonne Widerstand besiegte.
Der andre, welchen es verdroß,
Daß, was er haßte, den vergnügte,
Sah ihn mit scheelen Augen an,
Und wollt, er sollt sie nicht begießen.
Jedoch der tat, was er getan,
Und ließ, was den verdroß, verdrießen.
Wenn dich, sprach er, ihr Duft verletzt:
Gut! so zertritt sie meinetwegen.
Ich, weil mich ihr Geruch ergetzt,
Will sie, dir unbeschadet, pflegen.

Wie falsch bedienst du, Rachsucht! dich,
Mit diesem Gärtner, deiner Freunde!
Man hasse, was man haßt, für sich,
Und mache nicht die Welt voll Feinde!

Der beschämte Gottesleugner

Ja, Welt! dich schuf ein Gott.
Wer einen Blick erhebt,
Sieht, wie die höchste Kraft in tausend Himmeln lebt.
Noch mehr kann die Vernunft, durch schärfern Blick, ergründen,
Des Schöpfers Weisheit sehn, der Allmacht Größe finden.

Lernt, die ihr, bei dem Licht, im Finstern leben wollt,
Wie ihr den Schöpfer sehn und euch beschämen sollt!

Ein Freund der Finsternis, den Stolz und Bosheit banden,
Sprach frech, er und die Welt sei von sich selbst entstanden.
Ein blindes Ungefähr, nicht einer Allmacht Mund,
Sei dieser schönen Welt, und seines Daseins Grund.
Sein Freund, der diesem Wahn, aus Überzeugung fluchte,
Und ihn von Gottes Sein zu überführen suchte,
Dacht, einst, wie zeig ich ihm, wie ungereimt er schließt?
Beweise hört er nicht: wohlan! ich brauche List.

Ein drehbar hangend Rund, worauf, in echten Fernen,
Des Himmels weiter Kreis, samt allen sichtbarn Sternen,
Mit Horizont und Pol und Mittagszirkel prangt,
Dient ihm zu seinem Zweck, den er nach Wunsch verlangt.
Er stellte dieses Rund im Zimmer auf die Erde,
In Hoffnung, daß sein Freund sich drum verwundern werde.
Der Gottesleugner kam. Sein Freund tat itzt ganz stumm,
Und ging mit Linien und lauter Zirkeln um.
Kaum hatt' er schnell das Rund in Augenschein genommen,
So sprach er: Wo ist hier die Kugel hergekommen?
Sein Freund tat sehr bemüht, und sprach: „Ich weiß es nicht."
Wer setzte sie denn her? „Kein Mensch." Kein Mensch?
                              Er spricht:

„Ja, niemand." Niemand? Was? Wie kannst du dieses sagen?
Das kann nicht möglich sein. Hier hört er auf, zu fragen.
Und nunmehr fing sein Freund ihn zu beschämen an.

„Wie? sprach er, hast du nie die Augen aufgetan?
Und nie das Rund gesehn, wo tausend Fackeln brennen?"
Ja, sprach er, dieses ist's, was wir den Himmel nennen.
„Sieh diese Kugel an, und heb den Blick empor!
Dies kleine Rund stellt dir den großen Himmel vor.
Der Himmel ist die Welt. Wo ist sie hergekommen?
Sie hat, sprichst du, von sich den Ursprung selbst genommen.
Kein Wesen lebt, das sie in diesen Raum gesetzt.
Sprich, Freund, wie dein Verstand der Dinge Wesen schätzt?
Du leugnest, und mit Recht, das Ungefähr im Kleinen:
Und dennoch kann es dir im Großen möglich scheinen?
Dies Kügelchen, das nur den großen Bau der Welt,
Durch seines Künstlers Hand, uns schwach vor Augen stellt,
Zeigt, daß es von sich selbst unmöglich hier erschienen:
Du selbst bekennest es. Noch kannst du dich erkühnen,
Zu glauben, daß die Welt durch sich entstanden sei?
Was du der Welt entziehst, legst du der Kugel bei.
Laß dich den kleinen Riß des großen Urbilds lehren:
In jedem Pünktchen sei ein Schöpfer zu verehren!"

O Schöpfer, großer Gott! rief jener voller Scham,
Verflucht sei, was dein Bild mir aus der Seele nahm!
Itzt seh, itzt fühl ich dich. Stets will ich dich erkennen;
Stets werd ich dich, o Gott! mit Überzeugung nennen!

Der Brückenbau

Ein längst entschlafner Fürst voll Tugend und Verstand
Durchzog, aus weiser Lust, ein weit entferntes Land.
Der Neugier zeigten sich hier tausend Seltenheiten,
Und mancher Überrest der längst gestorbnen Zeiten.
Und dieser Schätze Wert war seiner Reise Ziel.

fig. 134.

fig. 135.

Noch einmal ein Bild aus der Enzyklopädie. Zu Lebzeiten von Mylius waren gerade die ersten 3 Textbände erschienen (1751/52/53).

Was ihm vor tausenden besonders wohl gefiel,
Und er sich längst gewünscht, war eines Flusses Brücke;
Auf die allein sah er mit unverwandtem Blicke.
Nur diese Brück allein ging über diesen Fluß.
Doch sie war fest und groß; und niemals hat ein Fuß,
Der sich ihr anvertraut, wie sonst gar oft, gegleitet.
Stets hat den, den sie trug, die Sicherheit geleitet.

Jenseits des Flusses war ein höchstbeglücktes Reich,
An Sitten und Verstand war ihm kein Volk sonst gleich.
Ein steter Lenz mußt' ihm stets neu Vergnügen geben,
Und wer gesittet war, begehrte hier zu leben.
Der Brücke seltner Bau, des größten Künstlers Werk,
War seiner Eifersucht wirksames Augenmerk.
Er prägte sich ihr Bild durch emsiges Beschauen,
In seinem Reiche sich dies Kunststück nachzubauen.
O! dacht er, was für Pracht wird dann mein Reich erhöhn,
Wenn eine Brücke wird auf stolzen Bogen stehn,
Und wenn mein Volk durch sie in jenes Land wird kommen,
Das sonst den Weg dahin durchs Morgenland genommen.
Er reiste höchstvergnügt schnell in sein Land zurück.
Es sollte, seinem Volk und sich zum Ruhm und Glück,
Der neuen Brücke Pracht in seinem Reiche prangen;
Drum ward der große Bau ohn Aufschub angefangen.
Er ordnete den Bau, wie er ihn da gesehn,
Wo, durch des Musters Bild, der Eindruck erst geschehn,
So prächtig fest und groß, als er sich ihn gepräget,
Da er zu dem Entschluß den ersten Grund geleget.
Er ward, durch Müh und Fleiß, in kurzer Zeit, vollbracht.
Was sonst in jenes Land den Weg so schwer gemacht,
War keine Hindrung mehr. Man kann auf dieser Brücke
In das beglückte Land zu seinem steten Glücke.

Zweihundertmal war schon der Erde Lauf vollführt,
Eh noch ein Gegner sich bei diesem Bau gerührt:
Und konnte mancher gleich etwas dawider sagen:
So dürft er es doch nicht, aus Furcht der Strafe, wagen.

Jedoch, als mancher drauf die Brücke selbst geschaut,
Nach deren Muster sie der alte Fürst gebaut,
So sah man, wenn man sie mit Fleiß und Kunst verglichen,
Daß man im Bauen oft vom Muster abgewichen.

Nunmehro regte sich, wer patriotisch war,
Und sprach vor allem Volk: Schon sind zweihundert Jahr,
Seit diese Brücke steht, durch schnellen Lauf, verflossen,
Daß man durch sie ein Glück, jedoch nur halb, genossen,
Wohl tausendfach weicht sie von ihrem Vorbild ab.
Der, welcher ihr zuerst Gestalt und Ansehn gab,
Hat, was ein Mensch vermag, durch diesen Bau gezeiget,
Der eines Menschen Kunst bei weitem übersteiget.
Was Wunder? daß ihm nun sein Bau nicht ganz gelang,
Da seine Müh und Kunst die Schwierigkeit bezwang,
Die unvermeidlich ist, wenn so ein Hauptgeschäfte
Auf einem Menschen ruht: Wer gibt ihm Kunst und Kräfte?
Seht, dieser Bau, den ihr nur stets bewundert habt,
Ist zwar wohl tausendfach mit Nutz und Pracht begabt.
Doch vieles fehlt ihm noch, eh er dem Muster gleichet,
Und eh man seinen Zweck durch ihn, wie dort, erreichet.
Der Grund, der ganze Plan ist hier und da nicht fest,
So, daß er manchem noch viel Zweifel übrig läßt,
Ob man sich ohne Furcht ihm anvertrauen solle,
Wenn man in jenes Land darauf gelangen wolle.
Drum Glieder dieses Reichs! liebt ihr das Vaterland;
So werde doch einmal der blinde Wahn verbannt,
Als hätte jener Fürst durchaus nicht fehlen können!
Hört uns! wollt ihr euch selbst noch größre Wohlfahrt gönnen.

Kaum hatten Rach und Grimm den Vortrag angehört,
So ward auch durch das Volk der Vortrag ganz zerstört.
O! rief man, jener Fürst, der unser Glück gegründet,
Hätt einen Bau vollführt, daran man Fehler findet?
Die, so durch Einsicht zwar des Baues Fehler sahn,
Bequemten sich dennoch nach dieser Schwachen Wahn,
Und sprachen: Sollen wir des Volkes Ruhe kränken;

118

Viel lieber laßt uns doch an kein Verbessern denken!
So mußt oft Ehr und Glück des Wahnes Opfer sein!
Ein falsch Glück dichtet er; das wahre reißt er ein.
Und er behielt auch hier die Oberhand im Lande;
Die Brücke blieb verfälscht in ihrem alten Stande.

Jedoch die Menschenlieb erweckte noch einmal
Manch patriotisch Herz, aus edler Seelen Zahl,
Und hieß den Fürsten selbst mit Gründen zu bewegen,
Durch Ansehn, Hülf und Macht die Hand ans Werk zu legen.
Es überzeugt ihn bald der Weisen kluger Mund.
Gleich machte sein Befehl dem Volk die Gründe kund,
Die, weil sein Wille sei, sein Wohlsein zu vergrößern,
Den Schluß in ihm gewirkt, die Brücke zu verbessern.
Hier rungen Lieb und Furcht mit Wahn und Härtigkeit.
Die erstere Partei gewann alsbald den Streit,
Indem der Fürst befahl, durch freundlichs Unterrichten,
Nicht durch Gewalt und Zwang, den Dünkel zu vernichten.
Man riß den größten Teil des alten Baues ein.
Er ward weit tüchtiger an Grunde, Kalk und Stein,
Durch Zierrat prächtiger, als wie vordem, erhöhet,
Kurz, wie das Muster itzt noch fest und prächtig stehet.

Mit dreifach leichtrer Müh gelangte man nunmehr
In jenes nahe Land. Es siegten Glück und Ehr,
Und jeden sah man itzt, mit ruhigem Gewissen,
Mit höchstvergnügtem Sinn, die alte Brücke missen.

Die Sommernacht

Strahlen und Hitze sind nunmehr verschwunden.
Reizende Anmut kühler Abendstunden,
Nimm die durchhitzten und geschwächten Glieder,
       Stärke sie wieder!

Täler und Berge, Felder, Wald und Matten,
Deckt ein erwünschter unumgrenzter Schatten.
Welch ein Vergnügen, da ich sanfte Winde
            Lieblich empfinde!

Alles Geräusche, das den Tag begleitet,
Welches den Ohren manchen Schmerz bereitet,
Haben die Schatten, die die Ruhe lieben,
            Glücklich vertrieben.

Lispelndes Rieseln fließender Gewässer!
Murmelndes Wallen! du vergnügst mich besser,
Als das Getöne bei dem lauten Streiten
            Rasender Saiten.

Hüpfende Schwätzer in bewohnten Teichen,
Heimliches Rauschen in durchwachsnen Sträuchen
Können des Nachts nur, bei des Sommers Schätzen,
            Kräftig ergetzen.

Wechselnde Töne muntrer Nachtigallen,
Hör ich durch Felder, Wald und Luft erschallen.
Gönnen die Wachteln nicht ihr helles Schlagen
            Selten den Tagen?

Wachender Schäfer frohe Schalmeien
Mehren die Anmut stiller Nacht von neuem.
Liebliche Reizung zu dem süßen Triebe
            Zärtlicher Liebe.

Doppelter Schatten unter dichten Linden!
Tausend Vergnügen läßt du mich empfinden;
Hauchender Blüten balsamreiche Düfte
            Füllen die Lüfte.

Fliegende Lichter sieht mein Aug im Dunkeln,
Glänzende Würmchen, wie den Phosphor, funkeln,

So, wie die Rosen, in den Lilienkränzen
                    Prächtiger glänzen.

Gegen den Nordpol, wo noch schiefe Strahlen
Oben die Lüfte glänzend goldgelb malen
Seh ich die Schatten mit dem Lichte ringen
                    Keines bezwingen.

Heller Bootes! du noch hellre Leier!
Funkelnde Sonnen voller Blitz und Feuer!
Zeugen der Allmacht! euer holder Schimmer
                    Sättigt mich nimmer.

Solches Vergnügen macht die Sinne trunken.
Schon ist mein Körper in das Gras gesunken,
Wo ich die Anmut, die ich nun vermisse
                    Schlafend genieße.

Das Lob des Weins
Ein Trinklied

Ein Zeitungsschreiber, voll vom Staate,
Rennt fast das Schloß mit samt dem Vorhof ein;
Geht mit dem Musketier zu Rate,
Und fragt den Koch, ob Fried ob Krieg wird sein?
Ich frage nichts nach solchen Neuigkeiten,
Nach gut und bösen Zeiten;
Nein, ich frag allein,
Hört, Herr Nachbar, sagt mir fein,
Wird heuer viel Wein?

Ein artger Narr, der stets gelesen,
Denkt, er nur weiß, was ist und kann geschehn?
Ein Geck, der einst gereist gewesen,
Denkt, nun hat er die ganze Welt gesehn.
Ich sag euch frei, ich kann viel weiter gehen,

Ohn einmal aufzustehen.
Ohn ein Buch zu sein,
Seh ich viel, und seh's allein,
Berauschet vom Wein.

Ihr Weisen hört, hört meine Lehre;
Doch hört mich nicht mit unbeschämter Stirn!
Ihr setzt die Seele, wie ich höre,
Der in das Herz und jener ins Gehirn.
Doch wißt ihr wohl, wo meine Seele wohnet,
Wo sie als Göttin?
Wißt, ihr Herren, wißt,
Daß sie in dem Gaumen ist,
Wo Rheinwein durchfließt!

Vom leeren Raum fehlt es an Gründen
Im Plato so, wie in dem Epicur.
Ist wo ein leerer Punkt zu finden?
Ist alles voll im Umfang der Natur?
Dies ist der Schluß, den die Natur verfasset,
Daß sie das Leere hasset.
Denn es ist bekannt,
Ein leer Glas in meiner Hand
Hat keinen Verstand.

Hippokrates Volk muß sich schämen,
Wenn sie sich viel durch Tränkchen unterstehn.
Eins soll den Weg zur Milze nehmen,
Das andre soll zur Zirbeldrüse gehn.
Von ohngefähr wirds kaum einmal gelingen,
Ein Tröpfchen hin zu bringen.
Vivat dieser Saft;
Der zum Herz durch seine Kraft
Sich Wege verschafft! . . .

Ein Feind des Schlafs, ein Freund vom Steigen
Schätzt mich sich gleich, kurz, er hält mich für dumm,

Will mir die Sonnenflecken zeigen,
Und führt mich aufs Observatorium.
Sein langes Rohr hat mir das Licht verstecket,
Und fast den Star erwecket.
Doch ich seh allein
Auf dem Keller in den Wein,
Und seh, er ist rein.

Ein Wuchrer schwitzt, (ich seh es lachend)
Der rechnend sich die Welt zur Hölle macht;
Zählt Tag und Nacht und durstet wachend:
Ich zähle nie, und trinke Tag und Nacht.
Mir recht zum Ruhm, such ich mich zu betrügen,
Und glaube mit Vergnügen,
Und für mich genung,
Mir sei ein dreifacher Trunk
Ein einziger Schlung.

So grausam ist, voll Mordgebärden,
Kein Grenadier, als ich es itzo bin.
Er wirft nur seinen Feind zur Erden,
Ich werfe hier gar meinen Freund dahin.
Ein solcher Tod macht Trinkern wenig bange,
Und währt nicht allzu lange.
Drum bereite dich;
Morgen stirbst du sicherlich
Gern wieder durch mich.

Wie prahlt der Mensch mit der Chimäre,
Was er sieht, sei für ihn hervorgebracht!
Für ihn allein dreht sich die Sphäre,
Die ganze Welt ist bloß für ihn gemacht.
Ich mindestens kann von seinen starken Gründen
Die Stärke nicht empfinden.
Aber das weiß ich,
Denn ich glaub es sicherlich,
Der Wein sei für mich.

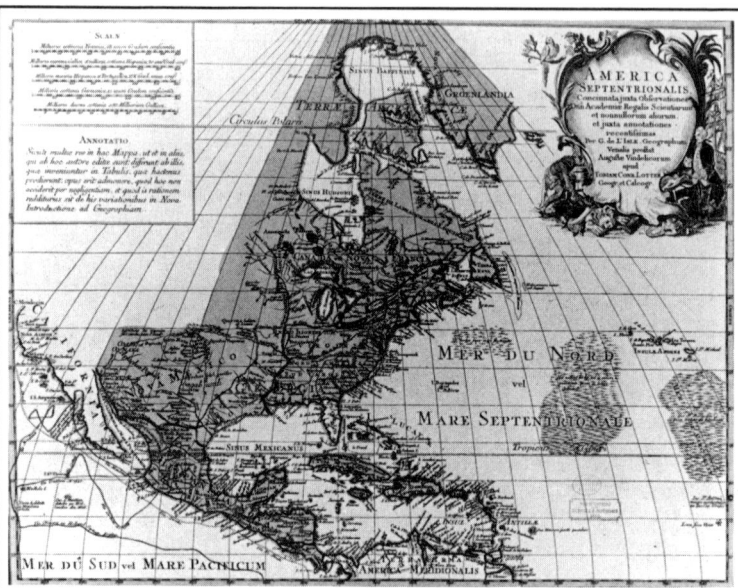

Nordamerika in der ersten Hälfte des 18. Jahrhunderts, weitgehend noch eine terra incognita, und der Wilde Westen ist mehr zu ahnen als schon zu finden. In der östlichen (noch englischen) Kolonie hätte Christlob Mylius seine botanischen und mineralogischen Studien treiben sollen. Aber er kam gar nicht erst aufs Schiff nach Übersee.

Fragmente einer Reise

Nachricht von des Herausgebers vorhabenden Reise nach America

Es ist zwar schon bekannt genug, daß ich im Begriff bin, nach America zu reisen; ja indem ich dieses schreibe, bin ich schon wirklich auf dem Wege; damit aber diejenigen von meinen Lesern, welche noch nicht genugsam von den Umständen und Absichten meiner Reise unterrichtet sind, nicht meinen mögen, ich gehe auf Abenteuer aus und suche die Zahl der irrenden Ritter zu vermehren: so habe ich für ratsam erachtet, bei dem itzigen Beschluß meiner Arbeit an dieser Monatsschrift, anzuzeigen, wie und warum ich mich zu dieser Reise entschlossen und auf was für Art und in welcher Absicht ich sie zu vollführen gedenke.

Die Begierde, die Natur zu erforschen, und die Lust zu reisen, haben, seitdem ich mich meines Bewußtseins erinnere, in mir um den Vorzug gestritten; und vielleicht ist beides von einander unzertrennlich. Ohngeachtet ich nun niemals ein Mittel vor mir gesehen, meiner Lust zu reisen ein Genügen zu tun, so ist es doch beständig mein fester Vorsatz geblieben, andere Weltteile zu sehen. Da ich diesen Vorsatz meinen guten Freunden und Bekannten öfters zu erkennen gegeben, so erfuhr dieses vor ohngefähr 2 Jahren ein gewisser Gelehrter in Berlin, ein patriotischer Kenner und Liebhaber der Wissenschaften und besonders der Naturhistorie. Meine Absicht stimmte mit der seinigen in soweit überein, daß er, da seine Umstände ihm selbst nicht erlaubten, zu reisen, er sich entschloß, ein ansehnliches beizutragen, wenn die zu einer weiten Reise auf 3 Jahre für mich nötige Summe zusammengebracht würde. Der Einfall ward mit mehrern gelehrten Freunden überlegt; diese gaben ihm Beifall, erklärten sich größtenteils zum Beitrage, und halfen teils das Vorhaben durch ihre Anpreisungen befördern. Ich erteilte sogleich hiervon dem weltberühmten Herrn v. Haller Nachricht, und dessen Beifall gab dem Fortgange dieses Unternehmens schon seine halbe Gewißheit. Dabei blieb es nicht, sondern ich ersuchte ihn auch bald darauf, auf Anraten der ersten Beförderer dieses Vorhabens, um seinen besondern Beistand hierzu und bat ihn, die Aufsicht über meine Reise über sich zu nehmen. Unsere Hoffnung, welche wir in ihn gesetzt haben, konnte uns nicht fehlschlagen, und wegen seines großen Eifers für die Beförderung der Wissenschaften, gab er unserer Bitte sogleich Gehör und fing von derselben Zeit an, sich der Sache auf das nachdrücklichste anzunehmen. Ich setzte folgendes Einladungsschreiben zum Beitritt zu diesem Unternehmen auf:

Ich habe es für meine Schuldigkeit gehalten, Eu. Hoch. von einem gewissen Vorhaben einer gelehrten Gesellschaft Nachricht zu geben, welches, wenn es glücklich von statten geht, sowohl Deutschland und der gelehrten Welt überhaupt, als auch besonders dieser Gesellschaft, Ehre, Nutzen und Vergnügen schaffen kann.

Diese Gesellschaft hat beschlossen, mich eine gelehrte Reise in einige Americanische Landschaften, hauptsächlich in die englischen Colonien, als nach Virginien, Georgien, Jamaica etc. und, nach Beschaffenheit der Umstände, auch nach Surinam tun zu lassen. Die Absicht dieser Reise soll sein, alle Beobachtungen in diesen entfernten Ländern anzustellen, welche ein Philosoph und Naturforscher über die Natur des Landes und der Einwohner, besonders über die Naturgeschichte desselben, anstellen kann, auch Naturalien aus allen drei Reichen der Natur, als Erze, Versteinerungen, Erden, Vögel, vielfüßige Tiere, Insecten, Fische, Muscheln, Schnecken, besonders aber Pflanzen und Samen von allen dortigen Pflanzen, zu sammeln, und sie denen, welche die Kosten der Reise tragen, nach eines jeden Absicht und Geschmack, mitzuteilen. Dabei soll ein ausführliches Tageregister über alle gemachten Beobachtungen gehalten und jedem Mitgliede der Gesellschaft, entweder geschrieben oder gedruckt, nebst dem Verzeichnisse derer Naturalien, welche jedes Mitglied allemal bekömmt, zugeschicket werden. Besonders soll auch möglichst dahin getrachtet werden, zu versuchen, ob nicht eine oder die andere Entdeckung in Ansehung nützlicher Medicinalspecereien und Materialwaren, zum Aufnehmen der Wissenschaften, Künste und Manufacturen, und zum Besten des gemeinen Wesens, gemacht werden könnte?

Man hat bisher die meisten wichtigen Nachrichten und Entdeckungen in Ansehung der entlegensten Örter des Erdbodens andern Nationen zu danken gehabt. Welch eine Ehre wird es nicht für Deutschland sein, wenn wir, nach dem Exempel der Engländer, der Franzosen, der Holländer, der Schweden, der Russen etc. hierinnen auch etwas tun werden!

Da dergleichen Unternehmungen selten eines einzigen Menschen Werk sind, so hat die Gesellschaft den Weg der Subscription erwählet. Man ist auch so glücklich gewesen, in kurzer Zeit schon soviel schriftliche Versicherungen, diesem Unternehmen beizutreten, zu erhalten, daß man allenfalls bereits zu dessen Ausführung schreiten könnte, wenn man nicht durch eine ziemliche Menge Subscribenten desto mehr auszurichten und diese Reise desto nützlicher zu machen, bedacht wäre. In England ist mancher wichtige Entwurf durch den Weg der Subscription ausgeführet worden, und so rühmlich dergleichen patriotische Unternehmungen dieser gutmütigen Nation sind, eben so viel Ehre wird es jedem Mitgliede dieser Gesellschaft, und allen, die derselben beitreten, bringen, wenn sie dieses in Deutschland noch nie gewagte Unternehmen werden zu Stande bringen helfen. Was für ein Vergnügen wird es aber auch nicht für sie sein, alle zwei bis drei Monate die merkwürdigsten Nachrichten aus America und eine Menge in

Europa meistens ganz unbekannter Schätze zu bekommen, mit welchen sie ihre Gärten und Naturaliencabinette bereichern werden!

Diese Reise soll drei Jahre dauern, und für jedes Jahr sind 1000 Rthl. bestimmt, worunter die Kosten zur Hin- und Herreise mit begriffen sind. Ein jedes Mitglied trägt nach Belieben das seinige bei, und es werden hoffentlich diejenigen, denen ihre Umstände erlauben, ein Ansehnliches zu diesem löblichen Unternehmen beizutragen, sich dieses nicht irren lassen, daß andere, denen 20 Thl. so viel, als ihnen 100 Thl. sind, sich auch nach ihren Umständen richten.

Man hat, nach reiflicher Überlegung, mit Fleiß unterlassen, eine gewisse Summe des Beitrags zu bestimmen. Es ist am besten, daß sie ein jeder, nicht nur nach seinen Umständen, sondern auch nach seinen Absichten, selbst bestimmet. Wer bloß die Ehre und das Vergnügen haben will, dieses Unternehmen zum gemeinen Besten zu befördern und an den von mir einzusendenden Nachrichten Teil zu nehmen, der setzt eine gewisse jährliche Summe, welche mit seinen Umständen übereinkömmt, zum Beitrage fest. Und von diesem zur allgemeinen Beförderung des Unternehmens von einem jeden für sich festzusetzenden Beitrage ist keiner ausgeschlossen, welcher sich einmal erkläret, an der Unternehmung Teil zu haben. Wer aber außer dem auch Naturalien verlangt, der vermehret diese Summe um so viel, als er Naturalien, mehr oder weniger, von unterschiedener, oder nur von einer Art, zu haben wünschet. Bei allem dem aber behält ein jeder die Freiheit, so viel beizutragen, als ihm beliebt, und von seiner Summe so viel auf den allgemeinen Beitrag zu rechnen, als ihm gefällig ist. Es wird doch nicht an großmütigen Gönnern der Künste und Wissenschaften fehlen, welche dieses Werk nachdrücklich werden befördern helfen; ja ich würde es in der Tat noch nicht gewagt haben, Eu. Hoch. diesen Entwurf mitzuteilen, wenn nicht recht sichere Zusagen ansehnlicher Beiträge die Sache schon so weit befördert hätten, daß die wirkliche Ausführung derselben nicht mehr weit entfernet ist. Wem an der Aufnahme der Wissenschaften und Künste gelegen ist, der hat hier keine Vorschrift nötig. Gelehrte, welche oft zu Anschaffung verschiedener Naturalien und Bücher einen gewissen Aufwand machen, werden leicht überlegen, was sie zu einem solchen Vorhaben beitragen können.

Eines von den Mitgliedern dieser Gesellschaft wird den Empfang der Gelder von den übrigen Mitgliedern und die Übermachung derselben an mich, auch die Besorgung des Briefwechsels, übernehmen. Von demselben wird jedes Mitglied meine an jedes ins besondere gerichtete Briefe und Packen von Zeit zu Zeit richtig erhalten. Dagegen wird der, der diese Besorgung hat, über seine Auslagen eine richtige Rechnung führen und das ausgelegte Geld von den eingeschickten Summen der Mitglieder nehmen und an sich behalten. Da derselbe ein Mann sein muß, welcher wegen seiner Gelehrsamkeit, Aufrichtigkeit und Emsigkeit in öffentlichem Credit stehet, und auf dessen Sorgfalt sich die übrigen Mitglieder sicher verlassen können, so haben die hier anwesenden Mitglieder den Herrn Hofrat von Haller in Göttingen hierzu ausersehen, und er hat die Gütigkeit gehabt, diese Besorgung, aus Liebe zu den Wissenschaften und dem gemeinen Besten, willigst über sich zu nehmen. Es ist kein Zweifel, daß ein jeder in diesem berühmten Manne die vorausgesetzten Eigenschaften alle in völligem Maße antreffen und seinen Beitrag ohne einiges Bedenken dessen Sorge überlassen wird. Wohlgedachter Herr von Haller wird nicht nur die Annehmung und Übermachung der Gelder, der Briefe und Packen, an mich und von mir, übernehmen und auf das richtigste und geschwindeste besorgen, sondern auch, nach seiner weltbekannten Einsicht, dieses Unternehmen mit den besten Ratschlägen und Empfehlungen auf das kräftigste unterstützen; wie er dann auch über alles das dasselbe auch durch einen unmittelbaren Beitrag mit zu befördern sich gütigst anheischig gemacht hat, ohne das geringste für seine Mühe zu erwarten, als das Vergnügen, ein so nützliches Werk hauptsächlich zu befördern.

Nach meiner Wiederkunft werde ich eine ausführliche Reisebeschreibung drucken lassen, wovon ein jedes Mitglied ein Exemplar umsonst bekömmt. Einige Mitglieder der Gesellschaft werden das ihrige dazu beitragen, daß diese Reisebeschreibung so vollkommen und nützlich, als es möglich ist, erscheine, und besonders wird sich der Herr von Haller, dessen Einsicht und Fleiße wir schon so manche schöne Reisebeschreibung zu danken haben, dieser Sorge unterziehen.

Da nun Eu. Hoch. als ein großer Kenner und Beförderer der Naturgeschichte und alles dessen, was zum gemeinen Besten etwas beitragen kann, zu Ihrem Ruhme, bekannt sind, so habe ich die Ehre, Dieselben, im Namen der Gesellschaft, welche mir es ausdrücklich aufgetragen hat, zum Beitritt einzuladen, in Hoffnung, daß Sie diesem nützlichen Vorhaben Ihren Beistand nicht versagen werden. Da diese Reise, wo möglich, noch dieses Jahr angetreten werden soll, so werden Eu. Hoch. Ihren Entschluß aufs eheste, entweder dem Herrn von Haller in Göttingen oder dem Herrn Professor Gleditsch in Berlin oder dem Herrn Prof. Sulzer daselbst oder dem Herrn Prof. Kästner in Leipzig oder auch mir, wissen zu lassen belieben, da Ihnen denn, auf Verlangen, fernere Nachricht gegeben werden soll.

Da ich aber diese weite Reise eher nicht antreten kann, als bis ich wegen richtiger Übermachung der Gelder die allergewisseste Versicherung habe, so werden Eu. Hoch., wenn Sie diesem Unternehmen beizutreten belieben sollten, sich nicht entgegen sein lassen, die Zahlung der von Ihnen freiwillig festgesetzten jährlichen Summe durch einen an den Herrn Hofrat von Haller in Göttingen auszustellenden Schein gehörig zu versichern. Da übrigens durch den Tod eines oder des anderen Mitgliedes ein großer Strich durch meine Rechnung gemacht werden, ja dadurch meine Reise mitten in ihrem Laufe unterbrochen, ich unglücklich gemacht, und das ganze Unternehmen, zum großen Verdruß und Schaden der übrigen Mitglieder, zu Wasser werden könnte, so wird Eu. Hoch. eigenen Gutbefinden überlassen, ob Sie, wofern sie unsrem Vorhaben beizutreten gesonnen sein sollten, deswegen einige Verfügung machen wollen; welches ich aber nur als eine ganz ohnmaßgebliche Erinnerung, welche die Hauptsache gar nicht hindern darf, anzusehen bitte.

Jedes Mitglied wird vor meiner Abreise von der gewissen Zeit, wenn sie vor sich geht, benachrichtiget werden, damit die subscribirten alsdann noch rückständigen Summen beizeiten eingesendet werden können. Einem jeden steht übrigens frei, seinen Beitrag auf einmal zum voraus, oder jährlich einmal, also in drei Terminen, zu entrichten.

Es wird ein förmlicher Contract aufgesetzt, und von dem Herrn von Haller, im Namen aller Mitglieder, wozu sie ihm die gehörigen Vollmachten übersenden werden, und von mir, unterschrieben. In diesem Contract wird mir überhaupt die jährlich zu meiner Reise zu hebende Summe versichert; und ich mache mich darinnen anheischig, allem dem, was in der Instruction, welche von sämtlichen Mitgliedern angegeben und von dem Herrn von Haller aufgesetzt werden wird, enthalten ist, nach Kräften genau nachzukommen, damit die Mitglieder für ihre Unkosten ihre Absichten möglichst erreichen. Einem jeden Mitgliede wird noch vor meiner Abreise der Contract und die Instruction in Abschrift, oder gedruckt, zugeschickt werden.

Wenn Eu. Hoch. noch einige Vorschläge wegen dieses Unternehmens zu tun hätten, so wird sich die Gesellschaft mit Vergnügen dieselben zu Nutzen machen.

Da übrigens die Betrachtung der großen Werke des Schöpfers meine allerliebste Beschäftigung ist, für welche ich, besonders auf Reisen, Leib und Leben zu wagen entschlossen bin, so können Sie versichert sein, daß ich es an meiner Emsigkeit und Aufrichtigkeit nicht werde ermangeln lassen; ob ich gleich für alle meine Mühe weiter nicht den geringsten Vorteil suche, als eben dieses Vergnügen, welches mir von Kindheit an die Natur so liebenswürdig abgemalet hat, deren Reiz immer stärker wird, je unbekanntere Schönheiten man an ihr in den entferntesten Ländern entdecket. Ich bin etc. etc.

Eu. Hoch.   Mylius.

Dieses Schreiben schicke ich gedruckt an unterschiedene mir bekannte Gönner und Freunde der Wissenschaften, besonders der Naturgeschichte. Durch das Ansehen des Herrn von Haller größtenteils gelang es mir in kurzer Zeit, so ansehnliche Beiträge zu erhalten, daß das Unternehmen nunmehr seine vollkommene Gewißheit hat. Ein solches Schreiben schickte ich unter andern an den berühmten Herrn Baron von Swieten, Kaiserlichen Leibarzt in Wien. Dieser fand sogleich einen so großen Geschmack an diesem Vorhaben, daß er sich in einem sehr gütigen Schreiben an mich erbot, die ganzen nötigen Reisekosten allein herzugeben. Es war aber damals mit unserm ersten Entwurf schon so weit gekommen, daß ich dessen großmütiges Anerbieten auf das höflichste auszuschlagen genötiget war; zumal da schon zwei Könige, nämlich der König von England und der König von Dänemark, sich erkläret hatten, unser Unternehmen durch ihren milden Beitrag zu unterstützen.

Abschied aus Europa
Im Februar 1753

Hier bin ich Herr! den du schon längst gerufen;
Nicht auf den Hang erhabner Ehrenstufen,
Nicht zu dem Glanz, des sich der Geizhals freut,
Nicht in das Feld, wo Wollust Rosen streut.
Mein Ehrgeiz ist, dich frömmer zu verehren,
Als der, der dir für Geld und Ehre dient.

Mein Reichtum, den nicht Furcht, noch Räuber stören,
Ist, was kein Tor zu haben sich erkühnt.
Und mich vergnügt, der Spötter soll es wissen,
Dich, o Natur! der Allmacht Tochter, küssen.

Die Welt, und dich, Herr! in der Welt zu sehen,
Ist mein Beruf; kann ich dem widerstehen?
Eh schleudre mich dein Blitz in Abgrund hin,
Eh ich, o Herr! dir ungehorsam bin!
Auf diesen Wink schwing, Ostwind, deine Flügel,
Und stelle dich im Terel günstig ein!
Die Städte fliehn, der Bructer wird zum Hügel;
Die Welt scheint mir schon nichts, als Meer, zu sein.
Fremd und erstaunt, läßt mich doch voll Entzücken
Ein jeder Ort mein Vaterland erblicken.

Doch welch ein Bild schreckt mich mit kaltem Schauern?
Ich seh den Sturm auf Englands Küsten lauern.
Sein voller Mund, sein gräßlich straubigt Haar,
Sein blitzend Aug, entdecken die Gefahr.
Itzt wird sein Mund den starken Odem blasen;
Itzt stampft sein Fuß, daß Meer und Abgrund bebt.
Wer ists, o Gott! wenn Luft und Wasser rasen,
Der, der Natur und dir zum Trotz, noch lebt?
Dennoch eil ich dem Sturm beherzt entgegen:
Er droht . . . und schweigt, um deiner Ehre wegen.

Umsonst zeigt mir die Furcht noch mehr Gefahren.
Ein donnernd Schiff unmenschlicher Corsaren
Verlangt von mir Tod oder Sklaverei;
Von beider Furcht macht mein Beruf mich frei.
Drei Monat nichts, als Meer und Himmel, sehen,
Schreckt Weichlinge, nicht mich, mit leerem Wahn.
Der Sterne Lauf, der Winde wechselnd Wehen,
Die Luftwelt sehn, die Welt im Ocean,
Und denkend draus des Schöpfers Größe schätzen,
Kann Weise dies wohl lange gnug ergetzen?

So führe mich, o Schiff! auf jene Küsten,
Die von der Welt drei Teile noch nicht wüßten,
Wenn Böhaim nicht, mein Landsmann, sie entdeckt,
Wenn nicht Columb dort Flaggen ausgesteckt.
Eröffne mir, America! die Schätze,
Die Cortes floh, die Raleigh nicht gesucht;
Durch die ich nicht der Staaten Recht verletze,
Dem oft der Neid der Nationen flucht.
In Feld und Wald, auf Bergen und in Gründen,
Laß mich — nicht Gold — nein, Gott und Weisheit finden.

Ihr Freunde! — ja, so will ich alle nennen,
Die ihrer Lieb und Gunst mich wert erkennen.
Da ist nicht Gunst, wo Lieb und Treu gebricht;
Wer mich nicht liebt, sei auch mein Gönner nicht.
Ihr Freunde denn, laßt uns das Meer nicht scheiden!
Liebt mich, wie die, die ihr umarmend küßt!
Entfernt werd ich nicht euern Umgang meiden:
Was rührt wohl mehr, als was im Herzen ist?
Wenn mich das Glück wird wieder zu euch bringen,
Laßt uns vereint der Allmacht Lob besingen!

Reise auf den Blocksberg.

Den 24. April 1753, am Charfreitag nachmittags 3/4 auf 2 Uhr reisete ich mit meinem Gefährten zu Pferde nach dem Blocksberg oder Brocken, dessen Spitze vom Clausthal 3 gute Meilen abliegt, ob er sich gleich hier sehr groß und nahe zeigt, und wenn er, wie jetzo, mit Schnee bedeckt ist, nicht anders als eine lichte Wolke aussieht. Wir nahmen einen Führer mit, welcher meine Instrumente (Barometer und Thermometer) trug. Wir ritten erst über die Wiesen, wo wir den Burgstädter Zug linker Hand liegen ließen, kamen über den Krankenberg und halb 4 Uhr über den berühmten neuen Damm oder Sperberdamm. Dieser lange und hohe Damm ist vor 20 Jahren mit großen Kosten aufgeführet worden, um die von dem Bruchberge auf allen Seiten herablaufenden Wasser nach dem Clausthaler Revier zu führen. Bei diesem Damm ist ein Wirtshaus. Hierauf ritten wir über den ziemlich weit von Süden nach Norden ausgestreckten und hohen Bruchberg, welcher von den vielerlei Brüchen den Namen hat. Auf diesem Berge sind sehr viel sandigquärzige Steine. Auf vielen derselben ist durch den Regen eine dunkel zinnoberrote Erde herausgewittert, und wo diese Erde ist, da riechen diese Steine wie Violen, und es sind also Violensteine. Wir kamen ferner zwischen Altena und St. Andreasberg, bei dem Gegerspfuhl, einem großen Bruch voll Turf, vorbei und endlich über die Oderbrücke. Hier sind wieder mit großen Kosten 2 Berge eben gemacht. Dadurch ist ein viele Forellen führender ziemlich großer Teich entstanden, in welchem sich das Wasser des kleinen Flusses, die Oder, sammelt. Von da führt ein Canal das Wasser bis nach Andreasberg 1 Meile weit. Das überleiige Wasser der Oder macht an dem Damme einen heftigen und rauschenden Wasserfall in das sehr tiefe Tal hinunter, wo der Canal anfängt. Das Wasser der Oder, welches südwärts unten am Brocken herkömmt, sieht ganz braunrot aus, ohne Zweifel von den häufigen Brüchen, durch welche es geht. Dieser Fluß ist von hier bis zum Brocken oft kaum eine Hand breit, aber er geht durch lauter Sümpfe. Eine Viertelstunde von dem Oberteiche liegt das Oderbrückenhaus, wo wir um 6 Uhr ankamen und uns 1/2 Stunde aufhielten, dessen Wirt die Aufsicht über den Oberteich und die Fischerei desselben hat. Er muß die Forellen dem Berghauptmann nach Clausthal liefern und bekommt für das Schock 1 Rthlr. Von hier an ist es bis auf die Spitze des Brockens noch eine Meile. Wir nahmen den Wirt zum Führer mit. Als wir kaum 2 Canonenschüsse weit geritten waren, mußten wir die Pferde, weil sie wegen des tiefen Schnees nicht mehr fort konnten, in das Oderbrückenhaus wieder zurückschicken. Wir setzten also unsern Weg über das Brockenfeld zu Fuße fort und ließen die Hirschhörner, 2 kleine Berge, linker Hand liegen. Hier mußten wir schon in dem Schnee und Moraste entsetzlich waten, indem kein Weg vor dem Schnee zu sehen war. Am Ende des Brockenfeldes, wo noch immer einzelne Fichten stehen, fängt gleich der Brocken an, und hier scheiden sich der Harz und das Stollberg-Wernigerodische Gebiet. Es war schon ziemlich Nacht, da wir hier ankamen. Wir stiegen über den kleinen Brocken weg, doch so, daß wir dessen Spitze rechter Hand ließen, und kamen endlich um 9 Uhr grausam ermüdet, indem wir uns alle Augenblicke aus dem Schnee herausgraben mußten, zu den ohngefähr auf der halben Höhe des großen Brocken gelegenen Turfhäusern, Heinrichhöhe genannt. Deren sind auf der Seite nach Wernigerode zu noch mehr. Wir blieben aber bei denen gegen Westen zu. Es sind 6 Häuser zum Trocknen des Turfes. Dabei ist ein Haus für den Turfstecher, und eines für die übrigen Arbeiter. Es war aber kein Mensch da und alles zugemacht. Wir hätten uns die Nacht unter freiem Himmel im Schnee bei einem Feuer behelfen und doch der äußersten Gefahr, zu erfrieren ausgesetzt sein müssen, wenn wir nicht endlich ein Fenster in dem letztern Hause mit Gewalt aufgeschoben hätten. Durch dieses stieg unser Wegweiser hinein und öffnete uns die Tür. Wir machten mit viel Mühe Feuer, und zum Glück war ein eiserner Ofen in der Stube, in welchem wir von dem Holze, welches hinlänglich da war, tapfer einheizten und also eine rechte warme Stube machten. Sie war voll Karren, Tragkörbe und anderem Geräte zum Turfstechen, welches wir bei Seite räumten, damit wir uns ein wenig legen konnten. Die Bequemlichkeit war sehr schlecht, doch ruheten wir etwas wegen der großen Müdigkeit, nachdem wir etwas aus unserm Schnappsack gegessen und getrunken hatten.

Abends da wir hinkamen, sahen wir gegen Nordenwärts einen Nordschein. Er unterschiedete sich dadurch deutlich von der Abenddämmerung, daß etliche lichte Säulen von demselben auf 30 Grad, doch ohne Zittern, in die Höhe reichten.

Den 25. früh 3/4 auf 5 Uhr stiegen wir vollends hinauf. Der Schnee war durch den Frost die Nacht etwas härter geworden, und wir konnten hin und wieder darüber weggehen: Aber wir fielen auch gar oft desto tiefer hinein und mußten oft über Klippen, zwischen welchen unter dem Schnee verborgene Löcher waren, klettern, welches uns erstaunlich ermüdete. Halb 6 Uhr erreichten wir endlich völlig die Spitze des großen Brocken, und wir konnten weit und breit, da es schön hell Wetter war, viel Berge, Gegenden, Städte, Dörfer, Flüsse etc. sehen: aber wir kannten wenig oder nichts davon, weil uns unser Führer keinen Bescheid zu geben wußte. An der Nordseite des großen Brocken sind eine Menge kleiner hohler Berge beisammen. Ich hatte mich über die Maßen erhitzt und hatte grausamen Durst. Zum Glück ist oben auf dem Berge ein schöner klarer und wohlschmeckender Brunnen, aus welchem ich, ob er gleich mitten im tiefen Schnee liegt, begierig wenigstens eine Kanne (Quart) trank, welches mir auch, ob ich mich gleich darauf wieder stark erkältete, gar nichts schadete. In das steinerne Häuschen oben auf dem Berge konnten wir nicht, weil die Tür zu sehr verschneiet war. Ich machte gleich meine Instrumente mit aller Sorgfalt zurecht und beobachtete auf einem Steinhaufen auf der äußersten Spitze des Berges Folgendes früh um 6 Uhr, bei hellem Wetter und schwachem, doch scharfem Südostwinde:

Barometer: 24" 11"' parisische Maß.

Thermometer: 36 Grad über 0 Fahrenh.

Halb 7 Uhr kehrten wir wieder zurück. Wir gingen mit voriger Beschwerlichkeit, indem wir durch den meistens über $2\frac{1}{2}$ Schuh hoch liegenden Schnee waten mußten, nach den Turfhäusern, wo wir die Nacht über gewesen waren, und von da gerade weiter über den kleinen Brocken, fast ganz über dessen Spitze, doch etwas ostwärts. Von da lenkten wir uns rechter Hand wieder herunter nach dem Brockenfelde. Wegen des hohen Schnees habe ich nicht viel von Naturalien auf dem Brocken wahrnehmen können. Doch habe ich schöne bunte Moose, *Lichenes,* beides blühend, und das *Gramen papposum alpinum iunceum (Scheuchzer, Agrostogr. p. 302.)* häufig blühend und aus dem Schnee heraus gehend gefunden. Sonst sahe ich wohl, daß da viel *Genista, Erica* und *Myrtillus* wächst, welcher letztere auch schon bald blühen wollte. Die wenigen Fichten, die am Berge stehen, sind klein, elend, und meistens wegen des scharfen kalten Windes kahl. Sonst ist der Berg voll Turf und brüchig (wovon er vielleicht den Namen Bruchterus, oder Bructerus hat, wie denn der Bruchberg auch wegen seiner vielen Brüche so genennet wird). Oben herum, besonders auf dem kleinen Brocken, sind viele große Wacken, manche von etlichen 100 Centnern. Ich verwunderte mich, in den Turfhäusern, wo wir schliefen, einen Papilion von der gemeinen gelb und schwarzen Dornraupe zu finden. Ein überaus schöner Anblick war der von der Sonne vortrefflich glänzende Schnee. Im Heruntergehen aß ich etliche mal vor großem Durst von dem Schnee, ich konnte ihn aber wegen der großen Kälte kaum im Munde leiden. Wir gingen durch viele Sümpfe und Schnee meistens an der Oder hin, vollends zurück nach dem Oderbrückenhause, wo wir halb 9 Uhr ganz entkräftet, doch gesund und glücklich, wieder ankamen. Weil dieser Fuß für den Fuß des eigentlichen

Brockens zu rechnen ist, so observirte ich sogleich wieder die Höhe des Barometers und Thermometers und befand selbige also:

Barometer: 26" $3\frac{3}{4}$''' par. M.

Thermometer: 54 Grad, Fahrenh.

Nachdem wir uns an einem Caffee erquicket hatten, aßen wir ein wenig und ritten zu Mittage um 12 Uhr zurück, worauf wir nachmittags halb 5 Uhr in Clausthal wieder anlangten.

Der Hilferuf eines Verzweifelten: Am 22. Februar 1754 schreibt Mylius aus London an *Albrecht von Haller*. Vierzehn Tage später stirbt er, im Alter von 31 Jahren, einen elenden Tod.

Der letzte Brief
an Albrecht von Haller

Sir,

obwohl ich kaum die Feder führen kann, muß ich heute doch an Sie schreiben, nachdem ich Ihren Brief erhalten habe. Da ich ihn aber nicht bei der Hand sondern an Mr. Collinson weitergegeben habe, kann ich nicht viel schreiben, bin auch zu schwach, um alles das zu schreiben, was ich denke. Ich habe seit Anfang des Monats ein katarrhalisches Fieber, bin aber schon ziemlich weit auf dem Weg der Besserung und hoffe, in einer Woche wiederhergestellt zu sein. Ich habe einen sehr geschickten Arzt, einen meiner ersten Bekannten in London. Ich bekomme alle meine Medikamente gratis aus der königlichen Apotheke, und auch der Doktor nimmt nichts. Unter diesen Umständen bin ich also gut dran. Aber zum Wichtigsten.

Sie scheinen die Protektion meiner Reise aufgegeben zu haben. Ich habe ja wirklich einiges falsch gemacht, aber mit Schaden wird man klug. Und Sie können versichert sein, Sir, daß ich, was die Zukunft angeht, meine Angelegenheiten so ordnen werde, daß Sie mit mir zufrieden sind. Geben Sie mir also, Sir, Gelegenheit, mich von einer anderen Seite zu zeigen, und Sie werden sagen: Mylius hat mir viel Ärger gemacht, aber er hat, was er begann, zu einem guten Ende geführt. Um Gottes willen, Sir, lassen Sie mich diesmal nicht im Stich. Ich bin für immer unglücklich, wenn Sie mir nicht helfen und mich meine Reise beginnen lassen, die mir so am Herzen liegt. Gibt es keine Vergebung für Fehler? Meine großzügigen Gönner und Freunde können immer noch auf ihre Kosten kommen, wenn Sie mir beistehen, und dann, das versichere ich, wird alles gut. Ich bitte Sie tausendmal, geben Sie mir eine gute Nachricht, wenn ich nicht zur Verzweiflung getrieben werden soll. Wenn Sie mir helfen, wie ich hoffe, werden Sie sehen, wie umsichtig ich von nun an bin. Wenn Sie mich jetzt verlorengeben, bin ich für immer verloren: Aber Sie haben ein zu mitfühlendes Herz, als daß Sie mich in mein Unglück rennen lassen würden, da Sie doch die Macht haben, mich zu retten. Stünde ich nicht mit Ihnen in Verbindung, so hätte ich wohl mehr zu fürchten; aber Sie werden nicht mit ansehen, wie ein Mann ins Verderben gerät, den Sie retten können. Was Dorado angeht, so hatte ich das nie im Sinn. Mit ,manet alta mente repostum' meinte ich nichts als ,Ich denke beständig daran' . . . Ich bitte Sie tausendmal um Verzeihung, wenn ich Sie mit diesem Ausdruck gekränkt haben sollte. Mein Herz hat gewiß keinen Anteil daran.

Ich bin zu schwach, um weiterzuschreiben, aber ich muß Ihnen doch klarmachen, daß es keine Kleinigkeit ist, das Los eines Mannes zum Guten zu wenden, oder ihn in sein immerwährendes Unglück rennen zu lassen. Sie können das erstere tun und das letztere verhindern, und ich hoffe, Sie werden es tun. Denn einen Menschen zu zerstören, den man retten kann — das wäre Ihnen unmöglich. Sie werden mein Engel sein, wenn Sie mir diesmal helfen. Um Gottes willen, geben Sie mir eine rasche und gute Nachricht. Ich versichere Ihnen, daß ich alles gutmachen werde, was ich bisher angerichtet habe, daß meine Förderer zufriedengestellt und sowohl Ihr und mein Ruf gerettet werden. Sie können sich vorstellen, daß man mit Schaden klug wird. Nun, noch einmal, Sir, helfen Sie mir um Gottes willen, denn sonst bin ich verloren, für immer. Sie werden sehen, daß ich in Zukunft ein ganz anderer Mensch bin. Ich bin Ihr ganz ergebener und gehorsamer Diener

Mylius.

London, 22. Februar 1754*

*Im Original englisch; für diese Ausgabe übersetzt vom Herausgeber.

Anhang

Lessing über Mylius

(Dieses Buch, der Versuch, Christlob Mylius mit Leben und Werk vorzustellen, hat einen berühmten Vorläufer, der jetzt bald 240 Jahre alt wird. Der Band hatte den Titel „Des Herrn Chr. Mylius Vermischte Schriften", er erschien 1754 bei Haude und Spener in Berlin, und Herausgeber war der damals fünfundzwanzigjährige *Gotthold Ephraim Lessing.* Seither ist [mit wenigen, meist bibliophilen Ausnahmen] nichts mehr von Mylius publiziert worden und über ihn im wesentlichen auch nur immer das, was *Lessing* als Einführung für seinen Sammelband geschrieben hat; eine Vorrede, die hier als das abgedruckt wird, was sie schon damals den Zeitgenossen zu sein schien: eine [nicht eben freundschaftliche, eine beinahe schon üble] „Nachrede".

Vorrede

Es würde schwer zu bestimmen sein, ob Herr Christlob Mylius sich mehr als einen Kenner der Natur, oder mehr als einen witzigen Kopf bekannt gemacht habe, wenn nicht die letzten Unternehmungen seines Lebens für das erstere den Ausschlag geben müßten. Sein Bestreben war allezeit, diesen gedoppelten Ruhm zu verbinden, den nur diejenigen für widersprechend ansehn, welche die Natur entweder zu plump oder zu leicht gebildet hat.

Ich war verschiedene Jahre hindurch einer seiner vertrautesten Freunde, und jetzt bin ich sein Herausgeber geworden;

zwei Titel, die mir hinlängliche Erlaubnis geben könnten, mich weitläuftig in sein Lob einzulassen, wenn ich mir nicht ein Gewissen machte, denjenigen im Tode zu schmeicheln, welcher mich nie in seinem Leben als einen Schmeichler gefunden hat.

Mit diesem Vorsatze würde ich eine sehr kurze und kahle Vorrede machen müssen, wenn ich nicht, zum Glücke, eine kleine Folge von Briefen in Bereitschaft hätte, durch welche zum Teil diese Sammlung vermischter Schriften ist veranlasset worden. Sie sind an einen Freund geschrieben, welcher den Hrn. Mylius nur bei dem letzten Geräusche, welches er machte, recht kennen lernte. Ich bestimmte sie zwar nur für zwei Augen; da ich aber niemals gern für zwei Augen etwas zu schreiben pflege, welches nicht allenfalls tausend Augen lesen dürften: so mache ich mir kein Bedenken, sie dem Leser vorzulegen. Er wird alles darinnen finden, was ihn in den Stand setzen kann, von den folgenden prosaischen und poetischen Aufsätzen, zugleich auch von allen übrigen Schriften des Hrn. Mylius, ein richtiges Urteil zu fällen. Sie bedürfen keiner weitern Einleitung.

Erster Brief
Vom 20. März 1754

Ja, mein Herr, die Nachricht ist gegründet; Herr Mylius ist zwischen dem 6ten und 7ten dieses in London gestorben. Ich nehme Ihr Beileid, welches Sie mir in diesem Falle bezeugen wollen, an. Sie kennen mich zu wohl, als daß Sie mir bei diesem Verluste nicht alle die Empfindlichkeit zutrauen sollten, deren ein zur Freundschaft gemachtes Herz fähig ist. Es macht einen ganz besondern Eindruck auf mich, ihn nunmehr in einer Welt zu wissen, die etwas mehr und etwas anders als die See von der unsrigen trennet. Die Art, mit welcher ich von ihm Abschied nahm, war eine Beurlaubung auf einige flüchtige Tage, und kein Abschied, so gewiß bildete ich mir ein, ihn wieder zu sehen. Ich spottete über die, welche ihm gar zu gern das Herz schwer gemacht hätten.

Wohin, wohin treibt dich mit blutgen Sporen,
Die Wißbegier, dich, ihren Held?
Du eilst, o Mylius! im Auge feiger Toren,
Zur künftgen, nicht zur neuen Welt.

So redete ich ihn in einem kleinen Gedichte, noch wenige Tage vor seiner Abreise, an. Aber ach, die Vermutung dieser feigen Toren ist richtiger gewesen, als meine Hoffnung! Und gleichwohl war sie auf die Kenntnis seines Körpers, den ich nie einer merklichen Unpäßlichkeit unterworfen gesehen hatte, und auf das Urteil erfahrner Leute gebauet, welche eben die Reisen getan hatten, die er zu tun Willens war, und die darauf schworen, daß er das vollkommene Ansehen eines guten Seefahrers habe. Sagen Sie mir, möchte man nicht die Lust verlieren, sich auf irgend etwas schmeichelhaftes, das noch nicht gänzlich in unserer Gewalt ist, mehr Rechnung zu machen? Wäre es nicht besser, wenn man auf gut stoisch in den Tag hinein lebte und das Künftige das für uns sein ließe, was es in der Tat ist, nichts? — Zwar die Herren, welche ihm den Tod prophezeiten, haben doch nicht recht prophezeit, obgleich dasjenige, was sie prophezeiten, eingetroffen ist. Die See und Amerika war das, wofür er sich fürchten sollte; England war es nicht. Eine Reise nur von etlichen tausend Meilen sollte ihm tödlich sein; und ich kann noch immer behaupten, daß sie es ihm nicht würde gewesen sein, wenn er nicht vorher gestorben wäre. — So viel ist gewiß, er hat sie nicht tun sollen. Wenn ich von den allweisen Einrichtungen der Vorsehung weniger ehrerbietig zu reden gewohnt wäre, so würde ich keck sagen, daß ein gewisses neidisches Geschick über die deutschen Genies, welche ihrem Vaterlande Ehren machen könnten, zu herrschen scheine. Wie viel derselben fallen in ihrer Blüte dahin! Sie sterben reich an Entwürfen und schwanger mit Gedanken, denen zu ihrer Größe nichts als die Ausführung fehlt. Sollte es aber wohl schwer sein, eine natürliche Ursache hiervon anzugeben? Wahrhaftig sie ist so klar, daß sie nur derjenige nicht sieht, der sie nicht sehen will. Nehmen Sie an, mein Herr, daß ein solches Genie in einem gewissen Stande geboren wird, der, ich will nicht sagen, der elendeste, sondern nur zu mittelmäßig ist, als das er noch zu der sogenannten güldnen Mittelmäßigkeit zu rechnen wäre. Und Sie wissen wohl, die Natur hat ein Wohlgefallen daran, aus eben diesem immer mehr große Geister hervor zu bringen, als aus irgend einem andern. Nun überlegen Sie, was für Schwierigkeiten dieses Genie, in einem Lande als Deutschland, wo fast alle Arten von Ermunterungen unbekannt sind, zu übersteigen habe. Bald wird es von dem Mangel der nötigsten Hülfsmittel zurück gehalten; bald von dem Neide, welcher die Verdienste auch schon in ihrer Wiege verfolgt, unterdrückt; bald in mühsamen und seiner unwürdigen Geschäften entkräftet. Ist es ein Wunder, daß es nach aufgeopferten Jugendkräften dem ersten starken Sturme unterliegt? Ist es ein Wunder, daß Armut, Ärgernis, Kränkung, Verachtung endlich über einen Körper siegen, der ohnedem schon der stärkste nicht ist, weil er kein Körper eines Holzhackers werden sollte? Und glauben Sie mir, mein Herr, in diesem Falle war unser Mylius, oder es ist nie einer darinne gewesen. Er ward in einem Dorf geboren, wo er gar bald mehr lernen wollte, als man ihn daselbst lehren konnte. Er ward von Eltern geboren, deren Vermögen es nicht zuließ, ihn aus einer andern Ursache studieren zu lassen, als daß er einmal, nach der Weise seiner Väter, von einer geschwind erlernten Brotwissenschaft leben könne. Er kam auf eine Schule, die ihn kaum zu dieser Brotwissenschaft vorbereiten konnte. Er kam auf eine Akademie, wo man beinahe nichts so zeitig lernt, als ein Schriftsteller zu werden. Er fiel einem Manne in die Hände, welcher durch Wohltaten manchen jungen Witzling zu seinem Vorfechter zu machen wußte. Er besaß eine Natürlichkeit zu reimen, und seine Umstände zwangen ihn, sich diese Leichtigkeit mehr zu Nutze machen, als es dem Vorsatze ein Dichter zu werden zuträglich ist. Er schrieb, und die grausame Verbindlichkeit, daß er viel schreiben mußte, raubte ihm die Zeit, die er seiner liebsten Wissenschaft, der Kenntnis der Natur, mit besserm Nutzen hätte weihen können. Er verließ endlich die Akademie, und begab sich an einen Ort, wo es ihm mit seiner Gelehrsamkeit beinahe wie denjenigen ging, die von dem, was sie einmal erworben haben, zehren müssen, ohne etwas mehrers dazu verdienen zu können. Nach einiger Zeit ward er zu einem Unternehmen für tüchtig erkannt, von welchem einige Leute sagten, daß man sich nur aus Verzweiflung dazu könne brauchen lassen. Er wollte und sollte reisen; er reisete auch, allein er reisete auf fremder Leute Gnade; und was folgt auf fremder Leute Gnade? Er starb. — Ja, mein Herr, das ist sein Lebenslauf. Ein Lebenslauf, ohne Zweifel, in welchem das Ende das unglücklichste nicht ist. Und doch behaupte ich, daß er mehr darin geleistet hat, als tausend andere in seinen Umständen nicht würden geleistet haben. Der Tod hat ihn früh, aber nicht so früh überrascht, daß er keinen Teil seines Namens vor ihm in Sicherheit hätte bringen können. Hiermit tröste ich mich noch; noch mehr aber mit der gewissen Überzeugung, daß er in einer vollkommen philosophischen Gleichgültigkeit wird gestorben sein. Seine Meinungen, die er von dem Zustande der abgeschiedenen Seelen hatte, haben es nicht anders zulassen können. Es ist wahr; er ward in einem großen Vorhaben gestört, aber nicht so, daß er es ganz und gar hätte aufgeben dürfen. Sein Eifer, die Werke der Allmacht näher kennen zu lernen, trieb ihn aus seinem Vaterlande. Und eben dieser Eifer führt seine entbundene Seele nunmehr von einem Planeten auf den andern, aus einem Weltgebäude in das andre. Er gewinnet im Verlieren und ist vielleicht eben jetzt beschäftiget mit erleuchteten Augen zu untersuchen, ob Newton glücklich geraten, und Bradley genau gemessen habe. Eine augenblickliche Veränderung hat ihn vielleicht Männern gleich gemacht, die er hier nicht genug bewundern konnte. Er weiß ohne Zweifel schon mehr, als er jemals auf der Welt hätte begreifen können. Alles dieses hat er sich in seinem letzten Augenblicke gewiß zum voraus vorgestellt, und diese Vorstellungen haben ihn beruhiget, oder es sind keine Vorstellungen fähig, einen sterbenden Philosophen zu beruhigen. — Ich will aufhören, Sie mit diesen traurigangenehmen Ideen zu beschäftigen. Ich will aufhören, um mich ihnen desto lebhafter überlassen zu können. Es ist bereits Mitternacht, und die herrschende Stille ladet mich dazu ein. Leben Sie wohl.

Zweiter Brief
Vom 3. April

Ich soll Ihnen, mein Herr, einige Nachricht von den Schriften des Hrn. Mylius, welche Sie noch nicht kennen, und unter diesen besonders von denen erteilen, in welchen er sich als einen schönen Geist hat zeigen wollen? Mit Vergnügen. Aber erlauben Sie mir, daß ich Sie vorher an eine kleine Anmerkung erinnern darf. Ein gutes Genie ist nicht allezeit ein guter Schriftsteller, und es ist oft eben so unbillig, einen Gelehrten nach seinen Schriften zu beurteilen, als einen Vater nach seinen Kindern. Der rechtschaffenste Mann hat oft die nichtswürdigsten, und der klügste die dümmsten; ohne Zweifel, weil dieser nicht die gelegensten Stunden zu ihrer Bildung und jener nicht den nötigen Fleiß zu ihrer Erziehung angewendet hat. Der geistliche Vater kann oft in eben diesem Falle sein, besonders wenn ihn äußerliche Umstände nötigen, den Gewinnst seine Minerva und die Notwendigkeit seine Begeisterung sein zu lassen. Ein solcher ist alsdann meistenteils gelehrter als seine Bücher, anstatt daß die Bücher derjenigen, welche sie mit aller Muße und mit Anwendung aller Hülfsmittel ausarbeiten können, nicht selten gelehrter als ihre Verfasser zu sein pflegen. − Nun lassen Sie mich anfangen. Aber wo wollen Sie, daß ich anfangen soll? − Das erste, was unter seinem Namen gedruckt ward, war eine Ode auf die Schauspielkunst oder vielmehr eine Ode auf die Verdienste des Hrn. Prof. Gottscheds um die Schauspielkunst. Ihr Inhalt gab ihr ein Recht auf eine Stelle in den Belustigungen, die sie in dem sechsten Bande derselben fand. Ich nenne sie eine Ode, weil sie Herr Mylius selbst so nennt und ein Verfasser ohne Zweifel seine Geburten nennen kann, wie er will. Was halte ich mich dabei auf? Er hat sie nach der Zeit selbst verachtet und die letzte Strophe ziemlich boshaft parodieren helfen, wie Sie es in dem ersten Teile des Liebhabers der schönen Wissenschaften finden können. So geht es fast immer, wenn man Leute von zweideutigen Verdiensten allzusehr erhebt, ehe man sie näher untersucht hat. Man schämt sich endlich, daß man sich bloß gegeben hat, und will allzuspät durch eben so übertriebene Beschimpfungen die Lobsprüche vertilgen, die uns bereits lächerlich gemacht haben. Auf diese Ode folgten seine Betrachtungen über die Majestät Gottes, welche aus einer oratorischen Übung entstanden waren, mit der er sich in der vertrauten Rednergesellschaft gezeigt hatte. Er fügte in der Umschmelzung die natürliche Erklärung des Wunders mit dem Sonnenzeiger Ahas hinzu, welche mehr Aufsehen machte, als sie verdiente. Sie wissen, daß der Herr Inspector Burg sich alle Mühe gegeben hat, sie zu widerlegen. Ich, meines Teils, habe sie allezeit bloß wegen der Dreistigkeit des Herrn Mylius bewundert. Der Einfall war nicht der seine, sondern der Recensent der Parentschen Untersuchungen in den *Actis Eruditorum* hatte ihn bereits gehabt. Allein was dieser als einen flüchtigen Gedanken, der keine Billigung verdiene, vorgetragen hatte, das trug unser Schriftsteller, grade weg, als eine Wahrheit vor. Und so ist es auch schon recht! Ernsthafte gesetzte Männer müssen zweifeln; und wir, wir jungen Gelehrten, müssen entscheiden. Wer würde es auch sonst wagen, gebilligten Meinungen die Stirne zu bieten, wenn wir es nicht wären, die wir noch alle unsere Feuer beisammen haben? — Sie finden diese Betrachtungen, mein Herr, in eben dem angeführten Bande der Belustigungen; sie enthalten viel gemeine Gedanken, und die Schreibart ist die Schreibart eines Declamators, welcher die Beobachtung der Schulregeln für Ordnung, und das O und Ach für das schönste Recept zum Feurigen und Pathetischen hält. Fast von eben diesem Schlage sind seine Abhandlung von der Dauer des menschlichen Lebens; seine Untersuchung, ob die Tiere um der Menschen willen geschaffen worden; und sein Beweis, daß man die Tiere physiologischer Versuche wegen gar wohl lebendig eröffnen dürfe. — Aus diesen letztem Aufsatze kann man unter andern sehen, daß Herr Mylius die Buchstabenrechnung damals müsse gelernt haben. Er wirft mit *a* und *x* um sich, wie einer, der noch nicht lange damit bekannt ist. Das aber hat er mit sehr großen Analysten daselbst gemein, daß es ihm vollkommen gelungen ist, eine Wahrheit, die, in schlechten Worten ausgedrückt, sehr faßlich wäre, durch die allgemeinen Zeichen für die

Hälfte seiner Leser zum Rätsel zu machen. Zwar — als wenn man nur die Leser klug zu machen schriebe! Genug, wenn man zeigt, daß man selbst klug ist. — Außer diesen prosaischen Stücken werden Sie auch verschiedene Gedichte in den Belustigungen von ihm finden; besonders einige sapphische Oden, die dieses zärtliche Silbenmaß sehr wohl beobachten und viel artige Stellen haben. Das vornehmste aber ist wohl das Gedicht auf die Bewohner der Kometen. Ich muß Ihnen sagen, bei was für Gelegenheit es gemacht worden. Der Hr. Prof. Kästner hatte kurz vorher sein philosophisches Gedicht über die Kometen in den Belustigungen drucken lassen. Sie haben es doch gelesen? Es ist in der Tat ein Gedicht; und in der Tat philosophisch. Sein Verfasser hat sich längst den nächsten Platz nach Hallern erworben und Reimen und Denken nie getrennt. Ich führe folgende Stelle aus dem Gedächtnisse an:

Was aber würde wohl dort im Komet geboren?
Ein widriges Gemisch von Lappen und von Mohren,
Ein Volk, das unverletzt vom Äußersten der Welt,
Wo Nacht und Kälte wohnt, in lichte Flammen fällt.
Wer ist der dieses glaubt?

Ohne Zweifel brachte diese Frage den Hrn. Mylius auf. Er wollte es sein, der es glaubte. Noch mehr, er wollte es sein, der auch andre, es zu glauben, nötigte. Er setzte sich also und schrieb ein ziemlich langes Gedichte, worinnen er von der Möglichkeit der Bewohner der Kometen, die der Hr. Prof. Kästner nicht geleugnet hatte, und von ihrer Wahrscheinlichkeit, die aber unter seinen Händen noch ziemlich unwahrscheinlich blieb, handelte.

Der Vorsatz an sich selbst war keines Tadels wert;
wie ein Dichter, den Herr Mylius nicht wohl leiden konnte, bei einer ähnlichen Gelegenheit spricht. Nur schade, daß er seine Einbildungskraft nicht besser dabei anstrengte; nur schade, daß er den kurzen und nervenreichen Ausdruck nicht in seiner Gewalt hatte; nur schade, daß er sich von dem Reime fortreißen ließ und in sein ganz Gedicht noch lange nicht so viel gute Gedanken brachte, als wir gute Beobachtungen von Ko-

meten haben. Ein Freund hat so gar nicht mehr, als eine einzige schöne Zeile darinne gefunden; diese nämlich:
Was nützt der größte Stern, der ewig müßig geht?
Er glaubte eine feine Anspielung auf die großen einflußlosen Sterne unter den Menschen darinne zu sehen, von der sich noch zweifeln läßt, ob sie unser Poet dabei gedacht hat. Was für einen artigen physikalischen Roman hätte er uns machen können, wenn er den innern Reichtum seiner Materie recht gekannt und ihn gehörig zu brauchen gewußt hätte! Aber war es von ihm damals zu verlangen? War es von dem geschwornen Schüler eines Meisters zu verlangen, der Reimer die Menge, aber auch nichts als Reimer gezogen hat? Genug, daß Hr. Mylius in den Aufsätzen, die von seiner Feder in den Belustigungen stehen, alles geleistet hat, was ein Gottschedianer leisten kann. Die poetischen sind fließend, und ohne Mittelwörter; und die prosaischen sind gedehnt und rein. — Sie sehen wohl, mein Herr, daß ich mir heute kein Blatt vors Maul nehme. Ich wäre auf guten Wegen; wenn ich nur nicht abbrechen müßte. Leben Sie wohl!

Dritter Brief
Vom 22. April

Freilich hat sich Herr Mylius auch in wöchentlichen Sittenschriften versucht. — Sie wissen, mein Herr, wer die ersten Verfasser in dieser Art waren. Männer, denen es weder an Witz, noch an Tiefsinn, noch an Gelehrsamkeit, noch an Kenntnis der Welt fehlte. Engländer, die in der größten Ruhe und mit der besten Bequemlichkeit, auf alles aufmerksam sein konnten, was einen Einfluß auf den Geist und auf die Sitten ihrer Nation hatte. — Wer aber sind ihre Nachahmer unter uns? Größtenteils junge Witzlinge, die ungefähr der deutschen Sprache gewachsen sind, hier und da etwas gelesen haben, und, was das betrübteste ist, ihre Blätter zu einer Art von Renten machen müssen. — Hr. Mylius war noch nicht lange in Leipzig, als er mit dem Jahr 1745 seinen Freigeist anfing und ihn durch zwei und fünfzig Wochen glücklich fortsetzte. Der Titel versprach viel, und ich glaube nicht, daß man zu unsern Zeiten leicht einen anlockendern finden könnte. Ich weiß es aus dem Munde des Verfassers, daß er sich nie hingesetzt, ein Blatt von demselben zu machen, ohne vorher einige Stücke aus dem Zuschauer gelesen zu haben. Diese Art sich vorzubereiten, war ohne Zweifel sehr lobenswert. Freilich kann sie nur bei denen von einiger Wirkung sein, die schon vor sich Kräfte genug hätten, nichts gemeines zu schreiben. Denn denen, welchen diese Kräfte fehlen, wird sie zu weiter nichts nützen, als die äußerliche Einrichtung zu ertappen. Sie werden uns bald ein Briefchen, bald ein Gespräch, bald eine Erzählung, bald ein Gedichtchen vorlegen, und in dieser abwechselnden Armut sich ihren Mustern gleich dünken, deren wahre Schönheiten sie nicht einmal einsehen. — Hr. Mylius sahe sie allerdings ein, und man kann nicht leugnen, daß sich nicht ein großer Teil von seinem Freigeiste sehr wohl lesen lasse. Verschiedene kleine Züge, die er seiner Person darinne gibt, sind etwas mehr als bloße Erdichtungen. Was er zum Exempel in dem dreizehnten Blatte von des Boethius Troste der Weltweisheit sagt, ist gänzlich nach den Buchstaben zu verstehen. Er hatte von diesem geliebten Buche eine Ausgabe in sehr kleinem Formate, die er eine lange Zeit, anstatt der geriebnen Wurzeln und Kräuter, welche andre aus Artigkeit in die Nase stopfen, in einer Schnupftabaksdose bei sich trug. Die Übersetzung, die er an angeführtem Orte daraus mitteilt, macht ihn zum Erfinder einer im Deutschen noch nie gebrauchten Versart, der adonischen nämlich; und es ist seine Schuld ohne Zweifel nicht, wenn er keine Nachahmer darinne gehabt hat. Was übrigens den Inhalt des Freigeistes anbelangt, so wird auch der eigensinnigste Splitterrichter nicht das geringste darinne finden, was der christlichen Tugend und Religion zum Schaden gereichen könnte. Gleichwohl aber ward es — und dieses muß ich Ihnen zu melden nicht vergessen — seinem guten Namen einigermaßen nachteilig, ihn geschrieben zu haben. Er behielt von der Zeit an den Titel seines Buchs statt eines Beinamens, und seine Bekannten waren noch lange hernach gewohnt, die Namen Mylius und Freigeist eben so ordentlich zu verbinden, als man jetzt die Namen Edelmann und Religionsspötter verbindet. Sie können sich leicht einbilden, daß diese Verbindung bei denen, welche die wahre Ursache davon nicht wußten, oft ein sehr empfindliches Mißverständnis werden verursacht haben. Es ist aber so unbegründet, daß ich es auch nicht mit einem Worte weiter widerlegen will. Ich will Ihnen vielmehr noch etwas von seiner zweiten moralischen Wochenschrift sagen, die er bald nach seiner Ankunft in Berlin heraus gab. Sie hieß der Wahrsager. Er kam nicht weiter damit, als bis auf das zwanzigste Stück. Die fernere Fortsetzung ward ihm höheren Ortes verboten, und es wäre seiner Ehre zuträglicher gewesen, wenn man ihm gleich den Anfang untersagt hätte. Ich kann Ihnen nicht sagen, wie ungleich er sich darinne sieht! Die Schreibart ist nachlässig, die Moral gemein, die Scherze sind pöbelhaft, und die Satire ist beleidigend. Er schonte niemanden und hatte nichts schlechters zur Absicht, als seine Blätter zur scandalösen Chronik der Stadt zu machen. Man schrie daher überall wider ihn, bis ihm das Handwerk gelegt ward. Als ein neuer Ankömmling in Berlin hatte er sich ohne Zweifel einen allzu großen Begriff von der hiesigen Freiheit der Presse gemacht. Er hatte gesehen, daß wichtige Wahrheiten hier Scherz verstehen müssen, und glaubte also, daß ihn die Einwohner auch ertragen würden, wenn er auch schon ein wenig massiv wäre. Allein er irrte sich! Die erstern können durch die allergrößte Mißhandlung nichts verlieren; die andern aber können auch durch die allerkleinste alles verlieren, nämlich ihre Ehre. Was also die Obrigkeit dort aus Sicherheit verstattet, das muß sie hier aus Mitleiden verbieten. — Das erste Blatt des Wahrsagers kam Donnerstags heraus. Den Sonntag vorher wußte Hr. Mylius noch nicht, wie es heißen sollte. Er lief hundert Namen durch und konnte keinen finden, der ihm recht gelegen gewesen wäre. Endlich half ihm der geschwinde Witz eines guten Freundes noch aus der Not. Sie können sich nicht entschließen, wie Sie Ihr Blatt nennen wollen? sagte der Herr K. zu ihm; Nennen Sie es den Wahrsager. Die zu dumm waren, Sie als einen Freigeist zu hören, die werden gewiß nicht zu klug sein, Ihnen als einem Wahrsager zu folgen.

Dieser Einfall ward gebilligt, ob er gleich ein wenig boshaft war, und in drei Stunden war das erste Stück fertig. Mit eben dieser Geschwindigkeit hat Hr. Mylius auch die übrigen ausgearbeitet, und wenn dieser Umstand schon nicht ihren geringen Wert entschuldigt, so verhindert er doch wenigstens zu glauben, daß unser Tachygraphus sie nicht besser habe machen können. — Ich bin etc.

Vierter Brief
Vom 6. Mai

Herr Mylius hat drei Lustspiele und ein musikalisches Zwischenspiel geschrieben. Das sind seine theatralischen Lorbeeren! Das erste Lustspiel ward 1745 in Hamburg gedruckt und heißt *die Ärzte*. Es ist in Prosa; es hat fünf Aufzüge; es beobachtet die drei Einheiten; es läßt die Bühne vor dem Ende eines Aufzugs niemals leer; es hat keine unwahrscheinliche Monologe. — Warum darf ich nun nicht gleich darzu setzen: kurz, es ist ein vollkommnes Stück? Warum gibt es gewisse schwer zu vergnügende ekle Kunstrichter, welche eine anständige Dichtung, wahre Sitten, eine männliche Moral, eine feine Satire, eine lebhafte Unterredung, und ich weiß nicht, was noch sonst mehr, verlangen? Und warum, mein Herr, sind Sie selbst einer von diesen Leuten? Ich hätte Ihnen ein so vortreffliches Quidproquo machen wollen, daß Sie meinen Freund den deutschen Moliere nennen sollten. Ein deutscher Moliere! und dieser mein Freund! O wenn es doch wahr wäre! Wenn es doch wahr wäre! — Hören Sie nur, Hr. Mylius mußte seine Ärzte auf Verlangen machen, was Wunder, daß sie ihm gerieten, wie — wie alles, was man auf Verlangen macht. Kurz vorher waren die Geistlichen auf dem Lande zum Vorschein gekommen. Sie kennen dieses Stück; es hatte einen jungen Menschen zum Verfasser, der hier in Berlin noch auf Schulen war, der aber nach der Zeit bessere Ansprüche auf den Ruhm eines guten komischen Dichters der Welt vorlegte und selbst aus Liebe zur Bühne ein Schauspieler ward, nämlich den verstorbenen Hrn.

Krieger. In seinen Geistlichen hatte er die Satire auf eine un-
bändige Art übertrieben, und ich weiß überhaupt nicht, was
ich von der Satire halten soll, die sich an ganze Stände wagt.
Doch Galle, Ungerechtigkeit und Ausschweifung haben nie ein
Buch um die Leser gebracht, wohl aber manchem Buche zu
Lesern verholfen. Die Welt konnte sich an den Geistlichen
nicht satt lesen; sie wurden mehr als einmal gedruckt; ja sie
wurden, was die Leser immer um die Hälfte vermehrt, confis-
cirt. So eine vortreffliche Aufnahme stach einem Buchhändler
in die Augen. Er versprach sich keinen kleinen Gewinnst, wenn
man auch andre Stände eine solche Musterung könnte passi-
ren lassen, und trug die Abfertigung der Ärzte dem Hr. Mylius
auf, der es auch annahm, ob er gleich selbst unter die Söhne
des Aesculaps gehörte. Er brachte sonderbares Zeug in sein
Lustspiel: eine Jungfer, der man es ansehen kann, daß sie keine
Jungfer mehr ist; ein Paar Freier, die sich über eine künftige
Frau zur Hälfte vergleichen, und ein Haufen Züge, die vollkommen wohl in eine schlechte englische Komödie passen
würden. — Doch wie steht es um sein zweites Lustspiel? Es
heißt der Unerträgliche und ist gleichfalls in Prosa und fünf
Aufzügen. Es sollte eine persönliche Satire sein; muß ich Ihnen
im Vertrauen sagen. Allein es gelang ihm mit dem Individuo
eben so schlecht als dort mit der Gattung. Denn mit wenigem
alles zu sagen, er schilderte seinen Unerträglichen, ich weiß
nicht ob so glücklich, oder so unglücklich, daß sein ganzes
Stück darüber unerträglich ward. Die Ärzte und den Unerträglichen machte Hr. Mylius bald nacheinander; sein drittes Stück
aber, von welchem ich gleich reden will, folgte erst einige Jahre
darauf. Es heißt die Schäferinsel; es ist in Versen und hat drei
Aufzüge. Wenn ich doch wüßte, wie ich Ihnen einen deutlichen
Begriff davon machen sollte. — Kennen Sie den Geschmack
der Frau Neuberin? Man müßte sehr unbillig sein, wenn man
dieser berühmten Schauspielerin eine vollkommene Kenntnis
ihrer Kunst absprechen wollte. Sie hat männliche Einsichten;
nur in einem Artikel verrät sie ihr Geschlecht. Sie tändelt un-
gemein gerne auf dem Theater. Alle Schauspiele von ihrer
Erfindung sind voller Putz, voller Verkleidung, voller Festivi-

täten; wunderbar und schimmernd. — Vielleicht zwar kannte sie ihre Herren Leipziger, und das war vielleicht eine List von ihr, was ich für eine Schwachheit an ihr halte. Doch dem sei, wie ihm wolle; genug, daß nach diesem Schlage ungefähr die Schäferinsel sein sollte, welche Hr. Mylius auch wirklich auf ihr Anraten ausarbeitete. Er hätte sie am kürzesten ein pseudo-pastoralisch-musikalisches Lust- und Wunderspiel nennen können. Nachdem er einmal den Entwurf davon gemacht hatte, kostete ihn die ganze Ausarbeitung nicht mehr als vier Nächte; und so viele bringt ein andrer wohl mit Einrichtung einer einzigen Scene schlaflos zu. Solange er damit beschäftiget war, habe ich ihn, seiner Geschwindigkeit wegen, mehr als einmal beneidet; sobald er aber fertig war und er mir seine Geburt vorgelesen hatte, war ich wieder der großmütigste Freund, in dessen Seele sich auch nicht die geringste Spur des Neides antreffen ließ. — Noch ein Wort von seinem Zwischenspiele. Es heißt der Kuß; es ward componirt und auf der Neuberischen Bühne in Leipzig aufgeführt. Es fanden sich Leute, welche es bewunderten, weil eine gewisse Schauspielerin die Schäferin darinne machte. Der Inhalt war aus der Schäferwelt. — Verzeihen Sie, mein Herr, daß mir die Schäferwelt den Frühling in die Gedanken bringt; verzeihen Sie, daß das heutige angenehme Wetter mich verleitet, ihn immer ein wenig zu genießen, und daß ich also, Zeit zu gewinnen, schließe. Ich will lieber den ganzen Spaziergang an niemanden, als an Sie gedenken, als noch ein Wort mehr schreiben; ausgenommen: Leben Sie wohl!

Fünfter Brief
Vom 4. Junius

An Kenntnis der vortrefflichsten Muster fehlte es dem Hrn. Mylius gar nicht. Und wie hätte es ihm auch so leicht daran fehlen können, da er das Hülfsmittel der Sprachen vollkommen in seiner Gewalt hatte? Die vornehmsten lebendigen und toten waren ihm geläufig. Von der lateinischen werden

Sie mir es ohne Beweis glauben. In Ansehung der griechischen berufe ich mich auf seine Übersetzungen, die er aus dem Aristophanes und Lucian gemacht hat. Diese letztern werden Sie in der Sammlung auserlesener Schriften dieses Sophisten, welche im Jahr 1745 bei Breitkopf gedruckt ist, finden. Der Hr. Prof. Gottsched machte eine unverlangte Vorrede dazu, mit der er dem Publico einen schlechten Dienst erwies. Die Besorger wurden darüber ungehalten, und anstatt, daß sie uns den ganzen Lucian deutsch liefern wollten, ließen sie es bei dieser Probe bewenden. Ich würde einen langen und trocknen Brief schreiben müssen, wenn ich Ihnen auch alle seine Übersetzungen aus dem Französischen, Italienischen und Englischen anführen wollte. Unter den erstern verdienen ohne Zweifel die Kosmologie des Hrn. von Maupertuis und des Hrn. Clairaut Anfangsgründe der Algebra die vorzüglichste Stelle. Beide Werke zu übersetzen, ward etwas mehr als die bloße Kenntnis der Sprache erfordert; einer Sprache, in der er übrigens seine Briefe am liebsten abzufassen pflegte. Und ich muß es Ihnen nur beiläufig sagen, daß sein Briefwechsel sehr groß war; größer als ihn vielleicht mancher in dem einträglichsten Amte sitzender Gelehrte, aus Furcht vor den Unkosten, übernehmen möchte. Er war nicht bloß in Deutschland eingeschlossen; er streckte sich noch viel weiter, und es war allerdings eine Ehre für ihn, daß er die verbindlichsten Antworten von einem Reaumur, Linäus, Watson, Lyonet etc. aufweisen konnte. — Aus dem Itaienischen hat Hr. Mylius unter andern in den Beiträgen zur Historie und Aufnahme des Theaters die Clitia des Machiavells übersetzt; und aus dem Englischen Popens Versuch über den Menschen. Durch diese letztere Übersetzung, welche in Prosa ist und in dem zweiten Bande der hällischen Bemühungen steht, wollte er die Arbeit des Hrn. Brockes ausstechen. Das Weitschweifende und Wäßrichte seines paraphrastischen Vorgängers hat er zwar leichtlich vermeiden können, allein daß es sonst ohne Fehler auf seiner Seite hätte abgehen sollen, das war so leicht nicht. Ohne Zweifel wußte er damals so viel Englisch noch nicht, und konnte es auch nicht wissen, als er während seines Aufenthalts zu London, in seinem letzten Jahre, durch

die Übersetzung von Hogarths Zergliederung der Schönheit,
zu wissen gezeigt hat. Ja er ist so gar noch selbst, mitten unter
den Engländern, ein Schriftsteller in ihrer Sprache geworden.
Und zwar ein kritischer Schriftsteller. Er ließ nämlich über ein
neues Trauerspiel des Hrn. Glover einen Brief drucken, in welchem er sich Christpraise Myll nannte. Ohne Zweifel wollte er
die englischen Leser durch seinen deutschen Namen nicht ab-
schrecken. Noch habe ich diesen Brief nicht gesehen, und ich
kenne ihn nur zum Teil aus dem Monthly Review, wo er ganz
kaltsinnig und kurz angezeigt wird. Er hat dem Hrn. Glover
die Verabsäumung einiger dramatischer Regeln vorgerückt; und
Sie wissen wohl, mein Herr, was die Regeln in England gelten.
Der Brite hält sie für eine Sklaverei und sieht diejenigen, welche
sich ihnen unterwerfen, mit eben der Verachtung und mit eben
dem Mitleid an, mit welchem er alle Völker, die sich eine Ehre
daraus machen, Königen zu gehorchen, betrachtet, wenn auch
diese Könige schon Friedriche sind. Doch ich zweifle, ob Hr.
Mylius zu einer wichtigern Kritik aufgelegt war; sein Geist war in
Gottscheds Schule zu mechanisch geworden, und der unglückliche Tadler der ewigen Gedichte eines Hallers konnte unmöglich mit seinem Geschmacke bei einem Volke bewundert werden, welches uns dieses Dichters wegen zu beneiden Grund
hätte. Wie? werden Sie sagen, der unglückliche Tadler Hallers?
Ja, mein Herr, dieses war Hr. Mylius; denn er ist es, aus dessen
Feder die Beurteilung des Hallerischen Gedichts, über den Ursprung des Übels, in den ersten Stücken der hällischen Bemühungen, geflossen ist. Ich sage mit Fleiß, aus seiner Feder und
nicht aus seinem Kopfe. Der Hr. Prof. Gottsched dachte damals
für ihn, und mein Freund hat es nach langer Zeit mehr als
einmal bereuet, ein so schimpfliches Werkzeug des Neides gewesen zu sein. Doch ich weiß schon, auf wen die größte Schande
fällt; auf den ohne Zweifel, auf welchen alle seine Schüler ihre
Vergehungen bürden, und ihn, wie den Versöhnungsbock, in
die Wüste schicken sollten. — Aber, bewundern Sie doch mit
mir den Hrn. von Haller! Entweder er hat es gewußt, daß ihn
Hr. Mylius ehedem so schimpflich kritisirt habe; oder er hat es
nicht gewußt. In dem ersten Falle bewundre ich seine Großmut,

die auf keine Rache dieser persönlichen Beleidigung gedacht, sondern sich dem Beleidiger vielmehr unendlich zu verbinden gesucht hat. In dem andern Falle bewundre ich — seine Großmut nicht weniger, die sich nicht einmal die Mühe genommen hat, die Namen seiner spöttischen Tadler zu wissen. – Leben Sie wohl. Ich bin etc.

Sechster Brief
Vom 20. Junius

O, ich glaube es Ihnen sehr wohl, mein Herr, daß verschiedene in Ihrer Gegend, welche an der Myliusischen Reise Teil gehabt, über den unglücklichen Ausgang derselben verdrüßlich sind und ihr Geld bereuen. Was haben wir nun davon? heißt es bei einigen auch hier. Ehre! habe ich denen, die ich näher kenne, geantwortet. Ehre! — „Nichts weiter? versetzte man. Wir glaubten, wie vortrefflich wir unsere Naturaliensammlungen würden vermehren können." — Ey! und also sahen Sie den Hrn. Mylius nicht so wohl für einen Gelehrten, welcher Entdeckungen machen sollte, als für einen Commissionair an, der für Sie nach Amerika reisete, um die Lücken Ihres Cabinets, so wohlfeil als möglich, zu erfüllen? — „Nicht viel anders!" — Nicht viel anders? So nehme ich mir die Freiheit aufrichtig zu gestehen, daß ich Ihnen den vorgegebenen Schaden von Grund des Herzens gönne. Aber wissen Sie wohl, bin ich in meinem Complimente fortgefahren, für was Hr. Mylius eigentlich Sie und alle Beförderer seiner Reise angesehen hat? Für Verschwender; für Leute, die ihr überflüssiges Vermögen zu sonst nichts besserm anzuwenden wüßten; die nur Geld verschenkten, um es zu verschenken, und — „Was?" hat man mich unterbrochen, „uns für Verschwender anzusehen?" — Wahrhaftig, meine Herren, dafür hat Sie Hr. Mylius angesehen, noch ehe er die Ehre hatte, Sie zu kennen. Ich habe Ihnen hierauf, um sie rechtschaffen zu kränken, eine Stelle aus dem satirischen Sendschreiben meines Freundes vorgelesen, in welchem er verschiedne Torheiten und Laster der Menschen zum Aufnehmen der

Naturlehre nützen könne. Er hat dieses Sendschreiben in die Ermunterungen eingerückt, und die Stelle, auf welche ich ziele, ist viel zu sonderbar, als daß mich die Mühe dauern sollte, sie Ihnen, mein Herr, hier abzuschreiben. „Die Verschwender, sagt er, lasse man ihr Geld auf die Besoldung einer Anzahl Reisender wenden, welche die Welt die Länge und Quere durchreisen und durchschiffen, und, wenn es das Glück will, allerlei physikalische und zur Naturgeschichte gehörige Entdeckungen machen. Man lasse auf ihre Unkosten Luftschiffe bauen und den Erfolg auf ein Geratewohl ankommen. Die Ausführung solcher Unternehmungen trage man irrenden Rittern, Don Quixoden und Wagehälsen auf und erwarte mit Vergnügen und Gelassenheit, ob die Naturlehre dadurch mit neuen Erfindungen und Lehrsätzen wird bereichert werden. Die Sache mag so übel ausschlagen, als sie will, so werden doch weder die physikalischen Wissenschaften, noch ihre uneigennützigen Handlanger einigen Schaden davon haben." — Was sagen Sie zu dieser Stelle, mein Herr? Vielleicht, daß sie etwas prophetisches hat. Doch ich bin gewiß überzeugt, daß Hr. Mylius ein sehr lobenswürdiger und vorsichtiger Wagehals würde gewesen sein, wenn ihm der Tod vergönnt hätte, seine Geschicklichkeit zu zeigen. Er würde sich nicht begnügt haben, wo er hingekommen wäre, bloß mit den Augen eines Naturforschers zu sehen, und um nichts, als um einen Stein oder um ein Kraut sich Gefahren auszusetzen. Er würde ein allgemeiner Beobachter gewesen sein, und die Kenntnis des Schönsten in der Natur, des Menschen, für keine Kleinigkeit angesehen haben, ob sie gleich in dem gemeinen Plane seiner Reise nicht in Betrachtung gezogen war. — Doch, erlauben Sie mir, mein Herr, daß ich Ihnen auch endlich einmal von etwas anderem schreibe. Die Erinnerung der Geschicklichkeiten meines Freundes ist mir zu peinlich, und ich empfinde seinen Verlust zu lebhaft, wenn ich derselben allzusehr nachhänge. —

Zu diesem Buch

Dieser Mylius-Band soll ein Lesebuch sein, nicht mehr. Eine Probe aufs Exempel: Kann man einen seit fast 250 Jahren verschollenen Autor wiederentdecken?

Dies ist auch das Buch eines Journalisten für einen Journalisten, bewegt von der Frage: Taugen die alten Themen noch für uns, verkörpert sich in einer alten Keckheit eine noch heute kritisch wirkende Haltung?

Viele Texte sind stark gekürzt, aus Gründen der Lesbarkeit. Die Überschriften stammen fast alle – außer bei den Gedichten – vom Herausgeber D. H. Die Texte kommen aus drei Quellen „Der Naturforscher" (1747/48), „Physikalische Belustigungen" (1751/54), „Vermischte Schriften des Hrn. Christlob Mylius" (Hrsg. Lessing), 1754. Ausnahme: Der „Exkurs über Bildungschancen" ist dem Vorwort zu den „Satiren des Prinzen Kantomir", Berlin 1752, entnommen.

Auf nähere Quellenangaben, Anmerkungen, Verweise habe ich angesichts der Uferlosigkeit des Unterfangens „mit Fleiß" verzichtet: Das Thema Mylius wäre längst Sache der Germanistik, der Institute und Wissenschaftszentren. Auf die vor zehn Jahren angekündigten „Mylius-Studien" von Klaus Briegleb konnte ich nicht zurückgreifen, da sie nicht erschienen sind. Dankbar genannt seien die immer noch wichtigen Gewährsleute für Biographisches: Th. W. Danzel („Gotthold Ephraim Lessing, Sein Leben und seine Werke", Bd. I) und Ernst Consentius in der Allgemeinen Deutschen Biographie.

Dank sage ich der Bürgerbibliothek Bern und ihrem Direktor Dr. H. Haeberli für die Herstellung und Übersendung von Kopien der Briefe Mylius' an A. von Haller sowie auch der Mylius betreffenden Briefe Peter Collinsons. Dr. Haeberli hat mich auch bei meinen Recherchen nach weiteren Benutzern dieser Briefe liebenswürdig unterstützt.

Zu danken habe ich ferner der Herzog-August-Bibliothek in Wolfenbüttel und besonders herzlich Frau Deegen und Frau Lüddecke für ihre Hilfsbereitschaft bei der Beschaffung und Benutzung des Mylius-Materials.

Dieter Hildebrandt

Namensregister

(ohne Texte Mylius und Lessing)

Berlin auf den zweiten Blick

Herausgegeben von Rainer Höynck, Heinz Ohff und Christian Chruxin.

Sympathisch ist das Buch erst einmal deshalb, weil es nicht die Hochglanzseite West-Berlins zeigt, das „Glitzerding", dessen diskreter Charme sich unterdessen in der Ruine der Kongreßhalle so sinnfällig manifestiert hat. Der Band ist auch sympathisch, weil er liebevoll morbide das zeigt, was Berlin immer noch zu einem Magneten für viele Westdeutsche macht: seine Parks, Märkte, Kneipen, kulturellen Aktivitäten, seine Menschen. Er spart nicht die moribunde S-Bahn aus und die Monotonie der Arbeitswelt — aber in allem steckt ein Stückchen Hoffnung; so, daß man am Ende sagen kann: ja, das ist Berlin. Und das will angesichts der Flut von Berlin-Bild-Bänden eine ganze Menge heißen: „Berlin auf den zweiten Blick". (Rias, Berlin)

256 Seiten mit 744 teils farbigen Fotos, Leinen.

Berlin – gestern und heute

Der Band gehört zu den Spitzentiteln unter den Berlin-Publikationen und liegt im 75. Tausend vor. Die Ausgabe ist vollständig neu konzipiert. — Der erste Teil umfaßt Aufnahmen aus dem alten Berlin, während der zweite die Stadt nach der Zerstörung 1945 zeigt. Der dritte Teil präsentiert das heutige Berlin mit vorzüglichen Aufnahmen, überwiegend West-, aber in einem eigenen Kapitel auch Ost-Berlin. Ein umfangreicher nach Themenbereichen gegliederter Textteil ergänzt das Bildmaterial und rundet den Band.

172 Seiten mit 151 teils mehrfarbigen Fotos, Leinen.

Stapp Verlag